Pierre Stutz

VertrauensWorte

Pierre Stutz

VertrauensWorte

Die Lebenskraft im Vaterunser

rex verlag luzern
Verlag Katholisches Bibelwerk Stuttgart

Bibliographische Information Der Deutschen Bibliothek
Die Deutsche Bibliothek verzeichnet diese Publikation in der Deutschen Nationalbibliografie; detaillierte bibliografische Daten sind im Internet über http://dnb.ddb.de abrufbar.

Umschlaggestaltung, Grafik und Satz: Andrea Fassbind, Sarnen
Gesamtherstellung: Fuldaer Verlag, Fulda

ISBN 3-7252-0737-2 (rex)
ISBN 3-460-20737-X (KBW)

Für Alex und Sonja
in Dankbarkeit

Inhaltsverzeichnis

	Vorwort	9
	Das Vaterunser	13
	Urvertrauen und Gerechtigkeit	14
	Gewachsener Glaube	22
1. Bitte	**Meine Lebensgeschichte vertiefen**	31
2. Bitte	**Die Macht der Ohnmächtigen**	43
3. Bitte	**Mitgestalten an einer zärtlicheren Welt**	53
4. Bitte	**Den Sinn meines Lebens entdecken**	63
5. Bitte	**Brot und Rosen**	75
6. Bitte	**Von der Sehnsucht, angenommen zu sein**	87
7. Bitte	**Gott versucht nicht!**	99
8. Bitte	**Einen Weg der Befreiung gehen**	109
9. Bitte	**Unserer Beziehungskraft trauen**	119
	Quellenverzeichnis	126

Vorwort

Fünfzehn Jahre sind es her, seit ich Meditationen zum Vaterunser in meinem ersten Buch veröffentlicht habe.[1] Ich sehe diese Worte heute wie eine «Ouvertüre», in der sich alle zentralen spirituellen Themen schon vorfinden, die ich in den letzten Jahren in vielen Büchern, Kursen, Vorträgen und in der spirituellen Begleitung vieler Menschen entfaltet habe. Das Lesen und Bearbeiten dieser Texte hat mich wieder sehr berührt. Ich staune voll Dankbarkeit, dass die Texte nicht nur in meinem Bewusstsein geblieben sind, sondern dass ich deren Aussagen immer mehr in mein Menschsein integrieren konnte, mit Leib-Geist-Seele. Ein spannender Prozess, der sich auch weiterhin Tag für Tag erneuern wird. Obwohl sich seit der ersten Veröffentlichung in meinem Leben sehr viel gewandelt hat, so stehe ich immer noch voll und ganz zu diesen Texten. Ich verändere darum die Aktualisierungen der Vaterunser-Bitten aus dem Jahre 1988, die in den folgenden Kapiteln jeweils am Anfang stehen, ganz bewusst nicht. Allerdings ergänze ich sie sehr gerne mit mystischen Motiven von Teresa von Avila und mit neuen Gebetstexten:

Vertrauensworte konkret ermutigt, den Zugang zur eigenen Lebenskraft zu finden. Dabei inspirieren mich heute auch einige Gedanken aus den Vaterunser-Meditationen der großen Mystikerin Teresa von Avila (1515–1582). Die Entdeckung unserer mystischen Wurzeln hat meinen spirituellen Weg grundlegend vertieft und in eine neue Weite [2] geführt. Dies verdanke ich speziell der spanischen Mystikerin, die mich durch ihre persönliche Offenheit ermutigt, meiner Lebenskraft zu vertrauen, um darin jene göttliche Kraft zu erahnen, die das Vertrauen in das Gute im Menschen alltäglich erneuert. Ihre Meditationen sind höchst aktuell geblieben. Sie laden ein zu einem «inneren Beten», zur Kontemplation. Ein Beten, das immer weniger Worte braucht, das sich in all unseren Lebensvollzügen verdeutlicht und sich im achtsamen Mitsein zeigt. Kampf und Kontemplation, Mystik und Politik, Schweigen und Engagement, Nähe und Distanz gehören zu diesem inneren Weg der Freundschaft.

Zur Meditation, das sind im Folgenden Gebetstexte, die verschiedene Gedanken verdichten möchten. Eine mystische Lebensgestaltung mutet uns zu, uns mit uns selbst, den anderen, den brennenden Fragen unserer Zeit und dem Gottesbild auseinander zu setzen. Zugleich laden uns die Gebetstexte ein, innezuhalten, um in wenigen Worten zu erahnen, wie all unser Suchen und Fragen aufgehoben ist im alltäglichen Hineinwachsen in das Urvertrauen. In das Urvertrauen, das sich letztlich ereignet im wortlosen Staunen über Gottes kraftvoller Gegenwart in allem.

Möge dieses Buch unser Vertrauen stärken in die Kraft des Gebetes, die sich in unserer Lebenskraft zeigt und die uns mit der göttlichen Segenskraft in Schöpfung und Kosmos verbindet.

Lausanne, 1. Mai 2003 Pierre Stutz

Vaterunser

Unser Vater im Himmel,
dein Name werde geheiligt,
dein Reich komme,
dein Wille geschehe
wie im Himmel,
so auf der Erde.
Gib uns heute das Brot,
das wir brauchen.
Und erlass uns unsere
Schulden,
wie auch wir sie unseren
Schuldnern erlassen haben.
Und führe uns nicht in Versuchung,
sondern rette uns vor dem
Bösen.

Matthäus (6,9–13)

Urvertrauen und Gerechtigkeit

Zwei Motive prägen mein Leben: das Urvertrauen und die Sehnsucht nach Gerechtigkeit. Sie geben auch meiner Auseinandersetzung mit meinem Gottesbild eine entscheidende Richtung. Schon als Kind habe ich nebst dem Hineinwachsen ins Urvertrauen revoltiert, wenn z. B. Mitschülerinnen und Mitschüler ungerecht behandelt wurden. Mit 15 Jahren wurde für mich bei den Frères des Ecoles Chrétiennes Religion zur Befreiung. Es war die Zeit, wo ich diesen Menschen aus Nazaret wirklich kennen lernte und die biblische Botschaft als explosive Kraft entdeckte. Dabei war das Entwickeln meiner persönlichen Gottesbeziehung genauso wichtig, wie das soziale Engagement bei Bergbauern und in Gefängnissen. Im Ordensgründer Jean-Baptiste de la Salle begegnete ich einem Priester, der bereits in seiner Zeit die Option für die Armen, besonders für benachteiligte Jugendliche traf. Seine radikale und konkrete Theologie, die immer in die Nähe der Menschen führt, hat mich bewegt und herausgefordert.

Gemeinsam mit andern jungen Menschen habe ich damals oft in der Bibel gelesen und wir haben uns gefragt, was die Bibel für unsere Zeit und unser Leben bedeutet. So habe ich einen Gott kennen gelernt, der uns Menschen persönlich anspricht, in seine Nachfolge ruft und zum engagierten Leben herausfordert. Im Entscheid, in den Orden einzutreten, habe ich meine Antwort auf diese Botschaft gegeben. Theologie wollte ich «nie» studieren, denn das radikale Leben des Evangeliums, die Praxis Jesu war mir viel wichtiger. Erst das intensive Zusammensein mit jungen Menschen hat mich schlussendlich zum Studium geführt. Die existenziellen und sozialen Fragen, die in unzähligen Gesprächen mit Jugendlichen auftauchten, motivierten mich, nach lebensnahen Antworten zu suchen. Ich suchte nach einer Theologie, die existenzielle Fragen nach Sinn, nach Leid und Tod und nach Hoffnung aufnimmt und im gemeinsamen Suchen Kraft aus dem Evangelium findet. Während des ganzen Studiums war ich aktiv in der Jugendarbeit tätig. Ich wusste, für wen ich studierte und wo die brennenden Fragen der Menschen sind. Dies hat meine Theologie stark beeinflusst.

Im Studium selbst habe ich die biblischen Fächer bevorzugt, weil ich da Menschen in ihrer ganzen Widersprüchlichkeit begegnete. Ich entdeckte das Erste Testament und den jüdisch-christlichen Dialog als Quelle und Herausforderung. Mir wurde klar, dass der Prozess des Volkes Israel (Befreiung – Wüste – Land der Hoffnung – soziale Botschaft der Propheten) ein Prozess ist, den jeder Mensch durchgehen muss, um dem Geheimnis der Menschwerdung näher zu kommen. Für mich war es befreiend zu erfahren, dass in allen wichtigen Dingen wie der Frage nach dem Gottesbild, dem Entdecken der Friedensbotschaft und der Suche nach Gerechtigkeit ein Ringen, eine Entwicklung festzustellen ist. Ein roter Faden zieht sich durch die ganze Bibel: die Erfahrung des persönlichen Gottes, der mitgeht, einen Bund schließt, Mensch wird, um uns von Resignation und Ohnmacht zu befreien. Nebst den biblischen Fächern hat mich die brennende Frage, wie nach Auschwitz noch von Gott geredet werden kann, verunsichert und begleitet. Im Suchen nach einer lebensnahen und glaubwürdigen Verkündigung ist für mich die Befreiungstheologie/politische Theologie eine bestärkende Herausforderung geworden, beeinflusst von der Option für die Jugend, die zu lebendiger Liturgie und hoffungserweckender Diakonie führen muss.

In all den Jahren habe ich meine Gottesbeziehung vertieft, weil ich überzeugt bin, dass die Verwurzelung im Mensch gewordenen Gott immer auch die unbequeme Parteinahme für die suchenden und entwurzelten Menschen beinhaltet. Mystik und Politik sind unzertrennbar. Seit der Priesterweihe hat mich diese Grundhaltung immer mehr zur Christusbeziehung geführt. Jesus wird für mich zum Christus, weil bei ihm sichtbar wird, wie Gott mit uns Menschen umgeht, wie wir ihm in anderen Menschen begegnen können und wie sein Geist Lebensatem ist, die verändernde Kraft in unserer Gesellschaft. Die Suche nach Gottesbildern gehe ich von diesem Standpunkt her an. Ein Standpunkt, der in biblischen Erfahrungen, Reden und Anreden von Gott die Hoffnung sieht, die uns im Urvertrauen, im Selbstvertrauen und im Vertrauen in das Gute in allen Menschen bestärkt, damit Gottes Gerechtigkeit für alle Menschen erlebbar wird und zur Vollendung kommt, auch durch unser mutiges und befreiendes Engagement.

Vertrauensworte konkret

Diese persönliche Standortbestimmung habe ich 1988 geschrieben. Ich erinnere mich sehr gut, wie ich mich dazu überwinden musste. Denn in meiner christlichen Sozialisation hatte ich gelernt, dass es wichtig sei, sich immer und überall zurückzunehmen. Doch wie sollte ich meine Sehnsucht nach der Nähe Gottes schreibend ausdrücken, ohne mich selbst, mein Suchen und Ringen, mein Zweifeln und Hoffen einzubringen? Zum Glück ließ ich mich von «meinen grauen Eminenzen» nicht abhalten und vertraute meiner inneren Gewissheit, dass mein Schreiben nur glaubwürdig sein wird, wenn ich nicht über meinen Texten, sondern mitten drin stehe. Dieses befreiende Selbstvertrauen fand ich erst fünf Jahre später in den bestärkenden Worten von Teresa von Avila wieder: «Gotteserkenntnis ist ohne Selbsterkenntnis nicht möglich.» Diese Grundaussage der Mystik berührt und bewegt mich bis heute. Sie hat mein Beten, mein Engagement, meinen Lebenssinn grundlegend verwandelt. Es ist die Verabschiedung von einer Leistungsfrömmigkeit, die Teresa in ihren Vaterunser-

Meditationen als Ermutigung zu einem «inneren Beten» in zwei Grundfragen ausdrückt:

- *Wer bin ich als betender Mensch in meiner ganz persönlichen Situation?*
- *Wer ist mein DU, das ich anspreche, beim dem ich verweile?*

Dabei ist für Teresa klar, dass wir ein Leben lang diesen Fragen des Selbstbildes und des Gottesbildes nachgehen werden und dass es dazu Räume des Schweigens, der Distanz braucht. Dafür setzt sie sich als Frau voller Leidenschaft und Mut ein, für dieses «innere Gebet», das Nachdenken und Loslassen aller Gedanken ist:
«Was ist denn los, ihr Christen? Versteht ihr euch selbst noch? Ich würde am liebsten laut aufschreien und – obwohl ich nur die bin, die ich bin – mit denen disputieren, die behaupten, dass inneres Beten nicht erforderlich sei. Gewiss erkenne ich daran, dass ihr euch nicht auskennt und nicht wisst, was inneres Beten ist, ja nicht einmal, wie man das mündliche zu verrichten hat, und auch nicht, was Kontemplation ist; denn wenn ihr das wüsstet, würdet ihr nicht einerseits verurteilen, was ihr andererseits lobt.» [3]

Diese engagierten Impulse schreibt sie an ihre Mitschwestern, als Bestärkung nicht nur «mündlich», d. h. laut das Vaterunser zu sprechen, sondern immer auch sich Zeit zu nehmen, um das Gesprochene im ganz konkreten Leben zu verankern, zu hinterfragen, zu vertiefen. Dieses selbstbewusste Beten hat Teresa als Frau viele Schwierigkeiten gebracht. Angesichts der drohenden Inquisition sind ihre Meditationen ein Zeugnis der inneren Freiheit, die wachsen kann, wenn das Gebet kein Bemühen mehr ist, Gott zu erreichen, sondern ein Aufatmen, dass wir längst schon in ihm sind und atmen. Oder wie Teresa es in ihrer Freundschaftsmystik ausdrückt:

«Denn meiner Meinung nach ist inneres Beten nichts anderes als Verweilen bei einem Freund, mit dem wir oft allein zusammenkommen, einfach um bei ihm zu sein, weil wir sicher wissen, dass er uns liebt.» [4]

Mein ganzes Leben wird zum Gebet und meine Lebenskraft wächst, wenn ich immer wieder mitten im Alltag innehalte, tief durchatme und versuche, einfach da zu sein. Dieses Dasein und Mitsein ist nicht ein Kreisen um sich selbst, sondern ein Verweilen im Grund allen Lebens.

Zur Meditation

Selbsterkenntnis wagen
meinen ureigenen Weg erkennen
im schweigenden Innehalten

Standortbestimmung wagen
meiner inneren Bestimmung folgen
im freundschaftlichen Gestalten meiner Beziehungen

Selbstvertrauen wagen
meinen Platz finden auf dieser Welt
im befreienden Engagement für Frieden

Gotteserkenntnis wagen
in der Tiefe meines Seins
verweilen im Grund meines Lebens

Gewachsener Glaube

Einmal mehr war ich zu spät aus dem Büro gegangen und eilte zum Hauptbahnhof Zürich. Im überfüllten Shopville versuchte ich mich durchzuschlängeln. Dabei stolperte ich beinahe über einige Obdachlose, die da unten Wärme suchten. Der Gedanke, dass ich fast auf Menschen getreten wäre, erschreckte mich. Schlagartig, wie in einem Film, gingen mir vielfältige Bilder durch den Kopf. Bilder der Bedrohung: missglückte Beziehungen, ausgewiesene AsylantInnen, mit kaltem Wasser abgespritzte FixerInnen im Zürcher «Drogenpark Platzspitz», defekter Öltanker mit unabmessbaren Folgen. Einmal mehr spüre ich in mir die Gewissheit, dass die «Zeit drängt»! Es muss etwas geschehen! Aber was? Wie?

Beim Feiern der Eucharistie holen mich solche existenziellen Fragen immer wieder ein. Wie können wir unsere ungerechte Welt, unsere ausgebeutete Schöpfung und unsere bedrohten Beziehungen in Verbindung bringen mit dem Weg Jesu? Beim Beten des Vaterunsers erahne ich, dass diesem Gebet dieselben Fragen

zu Grunde liegen. Die Zeit Jesu war eine höchst explosive Zeit: Die Unterdrückung durch die Römer und die apokalyptische Erwartung, dass Gott bald endgültig eingreifen und eine neue Welt schaffen wird. Auch Jesus stellte sich der Frage nach der himmelschreienden Not. Seine Jünger bestürmten ihn: «Was sollen wir tun?» Er gab ihnen die Antwort in Form eines Gebetes, eines Manifestes. Keine billige Anwort, kein Rezept, sondern eine Spiritualität, wo die Sache Gottes (1. bis 3. Bitte) und die Sache des Menschen (4. bis 6. Bitte) unzertrennlich zueinander gehören. Ob dieses Gebet nicht nur den Jüngern, sondern auch uns Identität und Verwurzelung im Glauben schenken kann?
Die Evangelien sind nicht einfach vom Himmel gefallen, sondern Ausdruck eines gewachsenen Glaubens. Vielfältige Erfahrungen und Einflüsse führen zu verschiedenen Jesusüberlieferungen, die im Rückblick, aus der Ostererfahrung geschrieben worden sind. Sie sind für mich bis heute ein Aufruf zu Toleranz und zu kirchlicher Vielfalt. H. Frankemölle[5] stellt diese vielfältigen Zugänge und Einflüsse so dar:

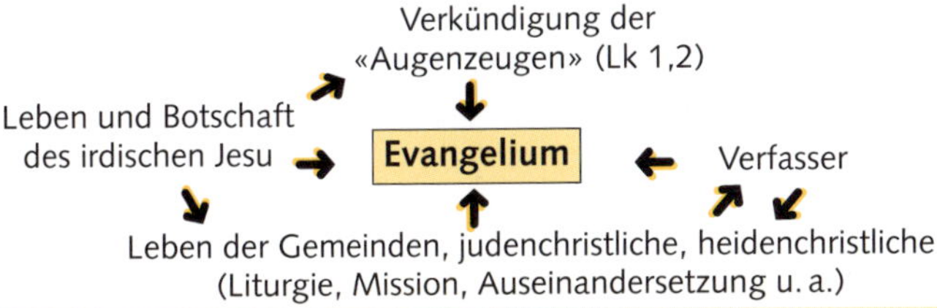

Darum haben wir auch das Vaterunser, das Lukas und Matthäus verfasst haben, in unterschiedlicher Version überliefert. Unglaublich, sogar das wichtigste Gebet Jesu haben wir nicht in seiner einzigen ursprünglichen Form. Die Gegenüberstellung zeigt, dass das zentrale Anliegen Jesu bei beiden enthalten ist.

Matthäus (6,9–13)	**Lukas (11,2–4)**
Unser Vater im Himmel,	*Vater,*
dein Name werde geheiligt,	*dein Name werde geheiligt.*
dein Reich komme,	*Dein Reich komme.*
dein Wille geschehe	
wie im Himmel,	
so auf der Erde.	
Gib uns heute das Brot,	*Gib uns täglich das Brot,*
das wir brauchen.	*das wir brauchen.*
Und erlass uns unsere	*Und erlass uns unsere*
Schulden,	*Sünden;*
wie auch wir sie unseren	*denn auch wir erlassen*
Schuldnern erlassen haben.	*jedem, was er uns schuldig*
Und führe uns nicht in	*ist.*
Versuchung,	*Und führe uns nicht in*
sondern rette uns vor dem	*Versuchung.*
Bösen.	

Aufgrund verschiedener Kriterien nimmt die Bibelforschung allgemein an, dass der kürzere Text der ursprünglichere ist. Beim Vaterunser ist also anzunehmen, dass Matthäus die Vorlage des Lukas gekannt und sie für seine Gemeinde erweitert hat. Denn schon die ersten ChristInnen haben sich überlegt, wie sie die Botschaft am besten weitergeben können. Matthäus schrieb für eine judenchristliche Gemeinde, darum ist sein Gebet liturgischer und länger. Ganz andres ist die Situation für Lukas. Er schrieb für Heidenchristen, die ins Gebet eingeführt werden mussten. Bei beiden wirkt das Gebet wie ein Glaubensbekenntnis, um der jungen Jesusbewegung Zusammenhalt zu verleihen. Es ist eine «Kurzfassung des ganzen Evangeliums», wie dies der Theologe Tertullian (160–225 n. Chr.) treffend ausdrückte. Befreiend ist für mich die Tatsache, dass dieses Gebet ein Geschenk Gottes ist «und völlig aufhört, Leistung zu sein, mit der man etwas erreichen, auf die man einen Anspruch gründen könnte.»[6] So kommen auch wir nicht darum herum, zu überlegen, was dieses Geschenk für unsere Zeit und für unser Christsein bedeutet. Eine spannende Sache.

Vertrauensworte konkret

Der Glaube ist keine Lebensversicherung, sondern ein alltägliches Hineinwachsen in das Vertrauen ins Leben, in die Liebe. In der Lebensschule Jesu werden Menschen nicht zu einem unmündigen Glauben geführt, sondern zu einem Umgang miteinander in Freiheit und Toleranz. Auch eine mystische Lebensgestaltung hält die Spannung aufrecht zwischen dem kritischen Suchen und Hinterfragen und der Hingabe, dem Loslassen.
Dietrich Bonhoeffer umschreibt diese Gratwanderung mit «Widerstand und Ergebung». Zu dieser anspruchsvollen Auseinandersetzung brauchen wir uns gegenseitig, brauchen wir die Gemeinschaft, das Diskutieren in Gruppen, in der Partnerschaft, in Familie und Freundeskreis und das gemeinsame Singen, Feiern und Schweigen. Freiheit und Geborgenheit sind die beiden Grundwerte, die in uns einen gesunden Lebensrhythmus fördern möchten. Davon spricht auch Teresa von Avila, wenn sie sich fragt, warum die Vaterunserbitten so kurz gehalten sind und so vieles offen lassen:

«So dachte ich darüber nach, wieso Seine Majestät sich über so erhabene Dinge nicht näher erklärt hatte, damit wir es verstünden, und dachte mir, dass er es wohl so uneindeutig gelassen habe, weil dieses Gebet ganz allgemein für alle Leute zu gelten hätte, damit jeder in der Meinung, er deute es richtig, seinen Bedürfnissen entsprechend bete und darin Trost finde.» [7]

Welch revolutionäre Worte, welche die Mystikerin da in der Zeit der Inquisition schrieb. Darin zeigt sich die aktuelle Kraft der Mystik, die der persönlichen Erfahrung ihren Vorrang und ihre Freiheit gibt. Natürlich braucht es zusätzlich wie in jeder echten Beziehung auch die Konfrontation, die Auseinandersetzung mit anderen Erfahrungen und mit den Schätzen der Tradition. Doch in alledem ermutigt Teresa unermüdlich, den Weg zur eigenen, inneren Quelle in Entschlossenheit zu gehen. Es bedeutet für mich, nicht gelebt zu werden durch die Ansprüche und Sachzwänge des Lebens, sondern in belebenden Ritualen, die meinen Bedürfnissen entsprechen, Widerstand zu wagen und so die kreative Lebenskraft in allen Menschen zu fördern.

Zur Meditation

Meiner Intuition trauen
Hingabe wagen
mich hineinbegeben in die Kraft der Liebe
die Geborgenheit und Toleranz verwirklicht

Meine Bedürfnisse ernst nehmen
mir und meiner Geschichte gerecht werden
um jene Lebenskraft in mir wachsen zu lassen
die mutig mitgestaltet an einer zärtlicheren Gerechtigkeit

Meine Verwurzelung spüren
jenes tiefe Eingebundensein
das mein Vertrauen in das Leben nährt
und meine innere Freiheit stärkt

Meine Lebensgeschichte vertiefen

Ich traute meinen Augen nicht, als ich dieses Inserat im «Bonus» (Zeitung des Zürcher Lokal-Radio 24) las:

> **Unser Vater**
>
> des Lokalradios, Roger Schawinsky,
> feiert sein zehnjähriges Radio 24 Jubiläum.
> Alex Felix, Vater der NATIONAL-Radio-Spots,
> gratuliert ihm herzlich.

Roger Schawinsky als neue Vaterfigur? Oder sogar als neuer Gott? Auf ganz unscheinbare, berieselnde Art und Weise werden religiöse Inhalte zu Werbezwecken missbraucht. Im Moment nimmt die Tendenz, religiöse Worte und Symbole zu vermarkten, ganz allgemein zu. Darum ist es höchste Zeit, sich den ursprünglichen Inhalten der christlichen Botschaft zuzuwenden. Das wird gar nicht so einfach sein. Denn schon das Wort «Vater» bringt einige Probleme mit sich. Das Vaterbild ändert sich ja dauernd. Und schon seit längerer Zeit spricht man von der vaterlosen Gesellschaft. Wie können wir da noch von Gott als Vater reden?

«Beim Aussprechen der Worte Vaterunser bekomme ich Brechreiz», sagte mir einmal Renata. Sie ist eine der 40'000–50'000 Kinder und Jugendlichen, die sexuell missbraucht worden sind. «Weil mich mein Vater jahrelang missbraucht hat, ist für mich auch Gott jemand, dessen Bedürfnisse ich befriedigen muss, der mich nicht atmen und leben lässt und der mich zugleich dauernd kontrolliert», erzählt sie weiter. Diese bedrückende Erfahrung zeigt uns die ganze Brisanz auf, die das Reden von Gott als Vater (und auch als Mutter) beinhalten kann. Dieser Brisanz müssen wir uns stellen, wenn das Vaterunser zu einem befreienden Gebet werden soll.

Ob ich es wahrhaben will oder nicht, meine Erfahrungen mit meinen Eltern prägen auch meine Gottesbeziehung. Das Bild, das ich von meinem leiblichen Vater habe, beeinflusst mein Reden, meine Gefühle zum «himmlischen Vater». Darum kann es für Menschen mit einem stark belasteten Vaterbild gut sein, «Gott als Vater» beiseite zu lassen. Mindestens so lange, bis all die belastenden Erfahrungen aufgearbeitet sind. Aufarbeiten muss ich sie. Auch wenn ich sogar meinen Vater ablehne oder ihn verleugne, so bleibt er immer mein Vater. Ich kann nie aus meiner Geschichte aussteigen. Mit Hilfe von andern Menschen kann ich sie neu gestalten lernen. Um eingespielte Verhaltensmuster durchbrechen zu können, braucht es andere Menschen, mit denen ich Gegenerfahrungen einer gelungenen menschlichen Beziehung machen kann. Um hoffnungsvoll meine Lebensgeschichte weiter entfalten zu können, braucht es Vertrauen erweckende Bilder, Hoffnungsgeschichten, wie sie Jesus von Nazaret uns zeigt. Es ist so wichtig, die Spannung unserer gemachten Erfahrungen auch mit Gott auszutragen. Denn er schenkt letztlich die Kraft, die dunklen Seiten des Lebens anzugehen. Jesus spricht oft davon.

Jesus war nicht der Erste, der Gott Vater nannte, obwohl das in Predigten öfters zu hören ist. Jesus war Jude, die Verwurzelung im jüdischen Glauben hat ihn geprägt. 14 mal kommt das Vater-Motiv im Ersten Testament vor, meistens bei den Propheten. (Auch Zeus wird bei Homer «Vater der Menschen Götter» genannt.) Das Eigentümliche der Botschaft und Praxis Jesu ist die Verdichtung der ersttestamentlichen Botschaft. Wir Christinnen und Christen müssen endlich vom überheblichen Gedanken Abschied nehmen, dass Jesus nur neue Aspekte des Glaubens mitteilte.

C. Thoma meint zu Recht: «Das Vaterunser ist keine absolute Neuschöpfung Jesu (und schon gar nicht der Evangelisten).» [8] Eine Gegenüberstellung mit zwei bekannten jüdischen Gebeten zeigt dies ganz deutlich:

Qaddisch	**Vaterunser**
Geheiligt werde	*Geheiligt werde*
sein machtvoller Name	*dein Name*
in der Welt,	
die er schuf	
nach seinem Willen.	*Dein Wille geschehe*
Sein Reich	*Dein Reich*
führe er herbei.	*komme*
Er lasse sprießen	*wie im Himmel*
seine Erlösung:	
in eurem Leben	*so auf Erden*
in euren Tagen	
und im Leben des	
ganzen Hauses Israel.	

Achtzehngebet	**Vaterunser**
Unser Vater (4. Bitte)!	*Unser Vater*
Vergib uns, Vater!	*vergib uns*
Bringe uns zurück	*unsere Schuld*
zu dir,	
und wir werden	*wie auch wir*
umkehren (5. Bitte)	*vergeben*
Segne Herr,	*unsern Schuldigern.*
unser Gott,	*Gib uns heute*
für uns dieses Jahr	*unser täglich Brot.*
in allen Erträgen.	
Das Endjahr der	
Erlösung	*Erlöse uns*
bring schnell herbei.	*von dem Bösen.*

Das Vaterunser lädt uns ein, das Verbindende mit dem Judentum neu zu entdecken. Was sich prozesshaft jahrhundertelang entwickelt und entfaltet hat, kommt durch Jesus sehr konzentriert zum Ausdruck. So ist nicht das Reden von Gott als Vater neu, sondern seine intensive, intime, zärtliche Beziehung, die er mit dem Wort «abba» (Papa) ausdrückt. Jesus setzt durch sein Handeln bewusste Gegenbilder zu einer patriachalischen («vom Männlichen beherrschten») Gesellschaft. Das ist das Faszinierende und Neue. Die Gleichnisse sind Eckpfeiler seines Gottesbildes. Der Weinbergbesitzer ist gegen alle männliche Logik großzügig, um allen gerecht zu werden: ein eindrückliches Vaterbild. Am treffendsten durchbricht der barmherzige Vater das patriarchalische Verhalten. Bis heute sucht seine Praxis ihre Verwirklichung. Der Vater eilt seinem Sohn entgegen, obwohl er allen Grund hätte, ihn zu belehren. Durch dieses Gleichnis will Jesus uns im Urvertrauen bestärken, dass Gott uns entgegenkommt, uns mit unseren Grenzen und Schwächen annimmt und in uns dauernd das Gute sucht.

Dadurch sind alle Eltern herausgefordert, ihre Kinder freie Söhne und Töchter werden zu lassen, die eigene Erfahrungen machen dürfen. Zugleich zeigt Jesus, dass Gott zutiefst mit unserer Lebensgeschichte verbunden ist. So persönlich er sich dem Einzelnen zuwendet, so deutlich wird durch das Wort «unser», dass er kein Privatgott ist. Allen Menschen gehört sein Entgegenkommen, über alle lässt er die Sonne aufgehen, sogar über die Bösen. Er ist uns nah, so wie Mutter und Vater uns nah sind, und er ist mehr, als unsere Bilder von ihm aussagen können. Die matthäische Gemeinde fügt «im Himmel» hinzu (bei Lukas fehlt es). Matthäus liebt das Wort «Himmel», er spricht darum auch oft vom «Himmelreich». Damit wird ausgedrückt, dass Gott nicht nur ganz nah ist, sondern immer auch der ganz ANDERE, der Unfassbare. Er lässt sich auch nicht örtlich (z. B.) im Tempel festlegen. Ein Gedanke, der Jesus sehr wichtig ist, wie das Gespräch mit der samaritanischen Frau am Jakobsbrunnen (Johannes 4) eindrücklich zeigt.

Vaterunser: ganz nah, persönlich …

Im Himmel: unfassbar, unser Verstehen und Fühlen immer übersteigend, der ganz ANDERE.

Vertrauensworte konkret

Nähe und Distanz sind die beiden existenziellen Grundhaltungen der ersten Vaterunserbitte und gleichzeitig all unserer Beziehungen. Betende Menschen nehmen sich immer wieder Zeit und Raum, um diesen beiden Grundfragen nachzugehen:

- *Wie viel Nähe und wie viel Distanz brauche ich, um nicht in ungesunde Abhängigkeiten zu geraten?*
- *Wer ist initiativ in der Beziehung? Wo haben sich feste Rollen eingeschlichen, die gegenseitige Entwicklung behindern?*
- *Was hilft mir, um andere Menschen immer wieder loslassen zu können?*
- *Welche Beziehungen fördern mein Selbstvertrauen und welche behindern es?*

Solche intensive Beziehungsfragen bleiben ein Leben lang aktuell. Befreiend kann die Erkenntnis sein, dass die Antworten nicht machbar sind. Wir vermögen diese nur in der Tiefe jeder Beziehung zu Gott selbst erahnen. Davon spricht Teresa von Avila ausführlich in ihrem Gedanken zur ersten Bitte: «Ihr habt sicher schon gehört, dass Gott überall ist, und das ist sehr wahr. Schaut, der heilige Augustinus sagt, dass er ihn vielerorts gesucht und schließlich in seinem Inneren gefunden hätte. Meint ihr, für eine ausgegossene Seele liege nicht viel daran, diese Wahrheit zu verstehen und zu sehen, dass sie nicht in den Himmel zu gehen braucht, um mit ihrem Ewigen Vater zu sprechen, und dass sie auch nicht laut zu beten braucht, um es sich bei ihm gutgehen zu lassen? Wie leise sie auch sprechen mag, er wird sie hören. Sie braucht keine Flügel, um sich auf die Suche nach ihm zu machen, sondern nur die Einsamkeit aufzusuchen und ihn in ihrem Inneren anzuschauen … Richtet eure Augen auf euch und schaut in euer Inneres; dort werdet ihr euren Bräutigam finden, der euch nicht fehlen wird.» [9]

Die Lösung meiner, unserer Fragen ist in mir zu finden. Ich kann den, schon gar nicht die anderen ändern. Doch ich kann in mir einen anderen Zugang zu ihnen finden. Diese geerdete Innerlichkeit entfremdet mich nicht von meinen Beziehungen, sondern nährt von innen heraus meine Beziehungskraft.

Zur Meditation

Nähe und Distanz
als Grundkraft jeder Beziehung erfahren
die fließen kann
im Genießen der Freundschaft

Nähe und Distanz
als Geheimnis jeder Beziehung erleben
das bleiben wird
im partnerschaftlichen Miteinander

Nähe und Distanz
als Schlüssel jeder Beziehung erahnen
der meine inneren Herzenstüren öffnet
zu Deiner göttlichen Quelle

Die Macht der Ohnmächtigen

Es war schon kurz nach Mitternacht, als sich im «Bistro» ein neuer Gast an unseren Tisch setzte. Nebst unseren Namen wollte er auch unsere Berufe wissen. Ich ließ ihn raten. Er tippte auf Chemiker, Reiseleiter. Dass ich Priester bin, verschlug ihm für einige Momente die Sprache. Nach einer kurzen Pause stellte er eine Frage nach der anderen. Die intensivste war: «Was ist das für ein Gott, der die Menschen so leiden lässt? Meine Schwester starb kürzlich ganz jung von drei Kindern weg!»

Wann immer ich mit Menschen über Gott ins Gespräch komme, taucht früher oder später die Frage nach dem Leiden auf. Es ist auch meine Frage geblieben. Sie hat mich gedrängt, Theologie zu studieren. Eine Frage, die sich auf Grund meines eigenen Lebens und auf Grund von vielen Begegnungen mit Menschen stellt, besonders mit Menschen, die von Anfang an keine Chance hatten im Leben, die sich umbrachten, die am Leiden zerbrechen. Ja, wie können wir angesichts der vielen Schreie und Tränen in unserer kalten und ungerechten Welt Gott bitten, er möge seinen Namen heiligen, ohne vor Scham rot zu werden?

Verbunden mit dem Namen Gottes faszinieren mich zwei Grundgedanken der biblischen Botschaft:

1. Gott stellt sich dem Mose in der Geschichte vom brennenden Dornbusch vor mit dem Namen «Ichbinderichdaseinwerde».
2. Der hebräische Name Jeschuah (Jesus) bedeutet «Gott befreit».

Diese beiden Namen erzählen von einem persönlichen Gott, der da ist, der die Menschen begleitet, mit ihnen durch dick und dünn geht, mit ihnen Feste feiert und die Lebensfreude ausdrückt. «Fürsorglich und erschreckend zugleich bekundet er, dass er sich nicht in irgendwelchen Himmeln verlor in göttlich-fernen Sinnen, sondern dass er, bestens orientiert über das Geschehen dieser Welt, darin zu wirken gedenkt.» [10]
Dieser engagierte Gott heilt die Menschen, zeigt ihnen auf, wie sie sich befreien können aus Egoismus und Unterdrückung. Und doch – in der entscheidenden Stunde, im Leiden, im Schmerz, in der Einsamkeit, im Sterben lässt er sie dann allein? Wo wird angesichts der schrecklichen Taten, die Menschen einander antun können oder die ihnen von Menschen widerfahren, Gottes Wesen (Name) respektiert?

Ich habe unzählige Bücher über diesen Ernstfall des Glaubens gelesen und oft nur unbefriedigende Antworten gefunden. Jeder Versuch, die Leidensfrage durch ausgeklügelte oder abgehobene Wahrheiten zu beantworten, muss scheitern, ja er wird sogar zum Hohn gegenüber allen Leidenden. Einzig die Praxis Jesu hat mir weitergeholfen. Sie zeigt mir, dass Gott gegen alles Leiden ist und alles unternimmt, es zu verhindern. Statt große Worte zu machen, unternimmt Jesus alles, um Leid zu verhindern. Er wagt sich ganz ins Leiden hinein, um dadurch sein radikales Dasein für andere zu leben. Er wird zum liebes- und leidensfähigen Menschen und zeigt uns das Bild des sympathischen (= mitleidenden) Gottes. Es ist nicht Gottes Allmacht, die die Welt erlöst. Gott entscheidet sich für die Ohnmacht, weil darin am stärksten seine Liebe zu den Menschen zum Ausdruck kommt. Treffend sagt Dietrich Bonhoeffer: «Gott ist ohnmächtig und schwach in der Welt, und gerade so ist er bei uns und hilft uns… Die Bibel weist den Menschen an die Ohnmacht und das Leiden Gottes, nur der Leidende kann uns helfen.» [11] Dieser ohnmächtige Gott kann nicht mehr als Lückenbüßer für all unser egoistisches Handeln missbraucht werden. Der ohnmächtige und verletzliche Gott braucht uns Menschen. «Wir heiligen den Namen Gottes, wenn wir durch unser solidarisches Handeln dazu beitragen, menschliche Beziehungen herzustellen, die gerechter und heiliger sind und mit der Gewalt und der Ausbeutung des Menschen durch den Menschen Schluss machen.» [12] Gott hat:

- keine anderen Hände als unsere, die sich zum Beispiel gegen die Apartheid, gegen ethnische Diskriminierungen und ökologische Umweltzerstörung wehren, indem wir zum Beispiel kein Geld mehr auf Großbanken anlegen, die solche Systeme fördern
- keine andere Ohren als unsere, die die Schreie nach Geborgenheit hören, indem wir uns mehr Zeit zum Zuhören nehmen
- keine anderen Füße als unsere, die aufstehen gegen die Asylpolitik, die Menschen als Waren betrachtet
- kein anderes Herz als unseres, das leidensfähig wird, um im Gebet, in der Meditation all die Not der Welt auszuhalten.

Wir brauchen Menschen, die mitfühlen können, die das Verdrängen des Leidens aus unserer Gesellschaft stoppen, indem sie fähig werden, wie Jesus intensiv da zu sein: im stummen Händehalten, im Schreien nach dem Warum, immer in der Hoffnung, dass Gott mitschweigt und mitschreit. Gottes Name wird erfahrbar und konkret, wenn Menschen aus dem oberflächlichen «Dauersmile» ausbrechen und die wahren Gefühle zeigen. Denn «heiligen» bedeutet, sich auf die Seite der Benachteiligten, Ausgelachten, Verfolgten und Ausgestoßenen zu stellen. Gott will durch die Gerechtigkeit geheiligt werden (Jesaja 5,16). Dies schreibt sich so leicht. Im Alltag kann dies harte Konsequenzen haben. Es kann Ärger mit dem Vermieter, den Kolleginnen und Kollegen, den Nachbarn, den Behörden oder der Kirchgemeinde geben, im Extremfall (der leider zunimmt) in Form von Drohbriefen oder Telefonterror. Mein Gottesbild hat ganz konkrete Auswirkungen auf meinen Alltag. Gerade darum ist mir der leidende und ohnmächtige Gott näher, weil er mich in die Nähe der Menschen führt, die sich nach mehr Menschlichkeit sehnen, nach Menschlichkeit, die durch wahre Liebe möglich wird. Oder wie der lateinamerikanische Theologe Rubem Alves eindrücklich schreibt: «Da ziehe ich einen schwächeren, gekreuzigten Gott vor, sofern er intensiver liebt, als ich selbst liebe».[13]

Auch ich bin auf der Suche nach diesem liebenden Gott, der uns konkret beim Namen ruft, damit seine Botschaft (sprich: sein Name) sich immer mehr durchsetzt (sprich: geheiligt wird), im Vertrauen auf die Macht der Ohnmächtigen, die das Reich Gottes wirklich ersehnen und daran mitbauen.

Vertrauensworte konkret

Das «innere Beten» oder das «Gebet der Ruhe», zu dem Teresa ermutigt, ist ein tiefes Schöpfen aus der inneren Quelle, um jene Lebenskraft zu nähren, die hoffen lässt in aller Hoffnungslosigkeit. In dieser Mystik kann ich lernen mit Widerständen und mit Konflikten umzugehen, ohne dauernd frustiert zu sein.
Meine Teilnahme an verschiedenen Friedensdemonstrationen für eine friedvolle Lösung im Irak haben mich trotz des schrecklichen Krieges bestärkt, weiterhin zusammen mit andern für den Frieden aufzustehen. Auch wenn die Machtpolitik sich durchgesetzt hat, so konnte sie mein Vertrauen in die Friedenskraft nicht nehmen. Die Bilder zehntausender von Schülerinnen und Schülern leben in mir weiter, als tiefes Vertrauen in die Macht der Ohnmächtigen.
Auf einer anderen Ebene spricht Teresa in ihren Vaterunser-Meditationen auch von dieser vertrauensvollen Wirklichkeit, sich nicht durch Widerstände, Ausreden und Anfeindungen von der inneren Welt abhalten zu lassen:

«Um nun aber zu denen zurückzukehren, die von diesem Wasser des Lebens trinken und den Weg gehen möchten, bis sie zur Quelle selbst vorstoßen, wie die also beginnen sollten, dazu sage ich, dass viel, ja alles an einer großen und ganz entschlossenen Entschlossenheit gelegen ist, um nicht aufzuhören, bis man zur Quelle vorstößt, komme, was da kommen mag, passiere, was passieren mag, sei die Mühe so groß, wie sie sein mag, lästere, wer da lästern mag, mag ich dort ankommen, mag ich unterwegs sterben oder nicht beherzt genug sein für die Mühen, die es auf dem Weg gibt, ja mag die Welt untergehen, wie so oft, heißt es dann: ‹Da drohen Gefahren›, ‹Lieschen Müller ist auf diesem Weg ins Verderben gestürzt›, ‹Hinz ist einer Täuschung verfallen›, ‹Kunz, mit seinen vielen Gebeten, ist gefallen›, ‹das schadet der Tugend›, ‹das ist nichts für Frauen, denn da kommen ihnen Illusionen›, ‹die sollen lieber spinnen›, ‹solche Leckerbissen brauchen die nicht›, ‹es reicht das Vaterunser und das Ave-Maria›.» [14]

Die Lebenskraft des Vaterunsers bewegt uns auch heute zu diesem inneren Weg, der zu einem politischen Engagements des Teilens und der Solidarität führt.

Zur Meditation

Dasein können
einfach da sein
damit Deine Friedenskraft
sich weltweit verstärken kann
in allen hoffnungsstiftenden Menschen
die gegen den Strom schwimmen

Mitsein können
einfach mit sein
damit Deine Lebenskraft
sich weltweit erneuern kann
in allen vertrauensvollen Menschen
die ihre Ohnmacht verwandeln lassen

Dasein können
einfach da sein
damit Deine beharrliche Geduld
sich trotz Frustration und Resignation
einen Hoffnungspfad bahnen kann

Mitsein können
einfach mit sein
damit Deine leidenschaftliche Liebe
sich auch in Zeiten der Verunsicherung
einen Vertrauensweg schaffen kann

Mitgestalten an einer zärtlicheren Welt

Ein Brief aus den Philippinen machte mich betroffen und wühlte mich auf. Eine Kollegin schrieb: «Ich erlebe immer stärker wie mich die Armut lähmt, wie selten ich einen Anfang finde für die vielen kleinen Schritte, die mit der Zeit einen langen Weg ergeben könnten. So tue ich oft nichts und bin im eigenen Dunkeln, dem Dunkel des Elends, dem Dunkel der Gewalt, dem Dunkel der so weit verbreiteten Hoffnung auf eine «Augenblicklösung» aller Probleme (wie mit einem Zauberstab)… Dann fehlt die Bereitschaft für den mühsamen Weg der kleinen Schritte, verliert die Hoffnung für mich einen wichtigen Nährboden, die Verankerung im Alltag…»

Wie nahe sind mir diese Gedanken und Gefühle. Wie oft habe ich genug von der Politik der kleinen Schritte. Wie oft möchte ich ausbrechen, wenn ich höre, wie wir dauernd (Philippinen, Rumänien etc.) mit verbrecherischen Fluchtgeldern verstrickt sind. Wie oft kann ich das selbstgerechte und himmelschreiende Geschwätz über unsere angeblich humanitäre Schweiz, über den humanitären Westen nicht mehr hören. Oft beten wir «Dein Reich komme» und sind noch so froh, dass es nicht anbricht, weil wir dann teilen müssten. Schrecklicherweise haben wir von Kindesbeinen an gelernt, dass wir dadurch unglücklich würden. Dabei wäre es unsere Chance, menschlicher und glücklicher zu werden.

Als ich in Taizé eine Woche «im Schweigen» war, habe ich das ganze Markus-Evangelium gelesen und meditiert. Obwohl dies nicht das erste Mal war, hat mich diese Botschaft neu gepackt, herausgefordert und auch überrascht. Weil ich davon ausgehe, dass wir bei Jesus am stärksten sehen, wie Gott mit uns Menschen umgeht, eröffnet sich mir bei Markus das Bild eines ungeduldig-drängenden Gottes. Ein Gott, der mir nicht dauernd auf die Schulter klopft und mich bestätigt, damit ich mich in einem kleinbürgerlichen Leben etablieren kann. Ein Gott der mich herausfordert, am Reich Gottes mitzuarbeiten. Vor dieser Forderung verheißt Jesus: «Die Zeit ist erfüllt, das Reich Gottes ist nahe». (Mk 1,15) Die Antwort auf diese Zusage ist ein Aufruf zur Umkehr, zum Aufbruch.

Der Dominikaner Albert Nolan[15] hat in seiner beeindruckenden südafrikanischen Befreiungstheologie in einer sorgfältigen Analyse bei Jesus vier Vorstellungen vom Reich Gottes entdeckt:

1. Die Sehnsucht der Armen und deren Befreiung vom Leiden. Jesus heilt sie von Krankheiten, Dämonen und Schuld als klare Zeichen, dass das Reich Gottes schon mitten unter uns ist (Lukas 11,20/17,21).
2. Das Reich Gottes ist ein Projekt für das sowohl Gott als auch wir Menschen verantwortlich sind. In agrarischen Gleichnissen vom Pflügen, Säen, Pflanzen, Wachsen, Ernten (z. B. Markus 4) wird das prozesshafte und beständige Wachsen des Reiches Gottes sichtbar.
3. Jesus nimmt die Zeichen seiner Zeit wahr, um das Gesellschaftssystem anzugreifen und zu verändern. Er wandte sich wohl dem Einzelnen zu, zugleich übertrat er Reinheitsgebote und trieb Händler aus dem Tempel, weil für ihn das Reich Gottes mit Gerechtigkeit zu tun hat. Dieser Kampf der Befreiung fordert die totale Hingabe: «Das am Kommen des Reiches Gottes beteiligte menschliche Handeln erlaubt keinen Kompromiss und kein Zögern. Es geht dabei um Leben und Tod.»
4. Reich Gottes ist ein Projekt oder Werk, das Menschen in eine Gemeinschaft zusammenführt. Es findet seine Erfüllung in einer neuen Gesellschaft. Es ist eine fröhliche, glückliche, feiernde und geschwisterliche Gemeinschaft, wo geteilt, vergeben, einander geholfen wird. Es entstehen Orte, wo in Solidarität gelebt wird und eine Offenheit für neue Menschen da ist.
Dieses Bild vom Reich Gottes wird am häufigsten verwendet: Menschen, die gemeinsam essen und trinken.

Jesu Botschaft vom Anbrechen des Reiches Gottes muss im Zusammenhang der endzeitlichen (apokalyptischen) Stimmung gesehen werden. Erstaunlich bleibt, dass Jesus sich nicht auf Spekulationen einlässt, sondern seine Jünger drängt, im Hier und Jetzt, eben in seinem Wirken die Zeichen des Reiches Gottes zu entdecken. Dass das die Jünger oft nicht verstehen, macht ihn traurig, sogar zornig. So stellt er ihnen und seinen Zuhörerinnen und Zuhörern harte Fragen: «Seid ihr denn auch so unverständig? Begreift ihr denn nicht?» (Markus 7,18) – «Wieso verlangen diese Leute einen Beweis? Ich sage euch: diese Generation bekommt nie und nimmer einen Beweis!» (8,12) «Wie lange soll ich noch bei euch aushalten und euch ertragen?» (9,19) Als die Jünger die Kinder fortschicken wollten, wurde er zornig. Markus zeichnet Jesus als einen leidenschaftlichen, sich ereifernden Menschen. Ein Bild, das im Alten Testament oft für Gott verwendet wird. Ich muss gestehen, dass mir diese Seite Gottes immer gewichtiger wird. Ich meine, sie in der Bitte um das Reich Gottes zu entdecken. Das Reich, das einerseits behutsam wächst, das nicht mach- und leistbar ist und zugleich unsere Kleingläubigkeit und Genügsamkeit durchbricht. Denn mit dem ungeduldig-drängenden Aufruf will Gott uns nicht Angst machen. Im Gegenteil, er traut uns vielmehr zu, als wir nur erahnen können. Er will die Kräfte der Menschlichkeit und der

Gastfreundschaft in uns wecken. Er zeigt auf, dass wir Teil der Menschheitsfamilie und der Schöpfung sind und darum auch unseren Anteil zur Bewahrung dieser Werte einbringen müssen. In der Bitte um das Reich Gottes kommt der Glaube an Gottes Größe und Kraft zum Ausdruck. Seine Größe und Stärke liegt darin, auch nach all den Jahrhunderten an das Gute im Menschen zu glauben. Darum rüttelt er uns unermüdlich auf, uns für die Menschen einzusetzen. Er nicht der Allmächtige, der sich über die Menschen hinwegsetzt, sondern der Leidenschaftliche, Kraftvolle, der uns zum mitschöpferischen Engagement drängt. Gott will es nicht allen recht machen. Er wird zornig, wenn die Kleinen ausgebeutet werden. Er wehrt sich, wenn das Geld im Zentrum des Tempels ist.

Warum wollen wir die drängend-ungeduldige Seite Gottes nicht wahrhaben? Aus Angst, ihr nicht genügen zu können? Eigentlich müssten wir dankbar sein, im Kampf um mehr Menschlichkeit einen entschieden-engagierten Begleiter zu haben. Dies kam ja durch die Auferstehung Jesu so markant zum Vorschein: Gott steht auf für das Leben bis ans Ende der Welt. Denn er ist Ursprung, Ziel und Garant des Lebens. An uns liegt es, im Mitkämpfen für das Reich Gottes Zeugen des Lebens zu sein.

Vertrauensworte konkret

«Macht euch bewusst, dass in eurem Innern ein Palast von übergroßem Wert ist, ganz aus Gold und Edelsteinen erbaut, genau passend für einen solchen Herrn; und dass ihr es seid, die ihr viel vermögt, dass das Gebäude so prächtig ist, wie es ja tatsächlich auch ist – es gibt nämlich kein Gebäude von solcher Schönheit wie eine reine, von Tugenden erfüllte Seele, und je größer diese ist, um so herrlicher schimmern die Edelsteine, und dass in diesem Palast dieser große König, der es für gut befunden hat, euer Vater zu sein, auf einem überaus prächtigen Thron sitzt, der euer Herz ist.»[16]

Auch wenn die königliche Sprache uns im ersten Moment vielleicht nicht anspricht, so zeigt die Aktualisierung der Reich-Gottes-Bitte das positive Gottes- und Menschenbild der mystischen Psychologie von Teresa. «Der innere Palast von übergroßem Wert» ist das konkrete Bild eines befreienden Selbstvertrauens, das uns aufbrechen lässt, einer

zärtlich-gerechteren Welt entgegen. Gott ist auf jede und jeden von uns angewiesen, wir können in all unserer Begrenztheit und Verletzlichkeit Großes bewirken, weil vor allem Tun die Schönheit Gottes in und durch uns strahlt. Dieses Urvertrauen durchbricht die Ängstlichkeit und führt in eine große innere Freiheit und zu einer höchst aktuellen Kritik an Allmachtsphantasien, auch im religiösen Bereich. Weniger ist mehr, wie Teresa befreiend sagt:
«Ihr bewirkt aber mit einem einzigen, ab und zu gesprochenen Wort des Vaterunsers viel mehr, als wenn ihr es schnell und oft dahersagt und euch dabei nicht versteht. Der, zu dem ihr betet, ist ganz nahe; er kann gar nicht versäumen, euch nicht zu hören.» [17]

Hier liegt die konkrete Spur zu einer Pastoral der Leere, zu der Erneuerung unserer Gottesdienste, indem wir auf viele Worte verzichten und miteinander einüben, schweigend zu beten.

Zur Meditation

Meinen inneren Kraftort betreten
wo ich sein darf
und wo ich all meine Erfahrungen setzen lassen kann

Mein inneres Kloster betreten
wo ich schweigend verweile
in tiefer Verbundenheit mit aller Kreatur

Meinen inneren Vertrauensort betreten
wo Du tiefster Hoffnungsgrund bist
der zum Aufstand für das Leben ermutigt

Meinen inneren Ruheort betreten
wo ich Zugang zu meinen Ressourcen finde
die mich an Leib und Seele stärken
zum achtsamen Mitgefühl

Den Sinn meines Lebens entdecken

«Alle wollen immer nur mein Bestes, doch sie kriegen es nicht!» Dieser Satz, gesprayt an irgendeine Wand, kommt mir in den Sinn, beim Nachdenken über die Bitte, die nur bei Matthäus vorkommt: «Dein Wille geschehe wie im Himmel so auf Erden.»
Als Jugendlicher hatte ich jahrelang Mühe mit der Frage nach dem Willen Gottes. Damit verband ich zuallererst die Fremdbestimmung, und ich wollte doch endlich «frei» sein. Ich hatte genug, dauernd den Erwartungen der andern (z. B. der Mehrheit des Dorfes) genügen zu müssen. Menschliche Erwartungen, die leider zu oft mit dem Willen Gottes in Verbindung gebracht wurden. Auf der Suche nach meinem eigenen Willen, meinem Lebensweg, meinem Selbstbewusstsein war mir die Frage des Willen Gottes im Wege. Wie sollte ich seinen Willen erkennen, wenn ich selbst nicht wusste, was ich wollte?

Gott sei Dank habe ich Menschen kennen gelernt, die mir durch die biblische Botschaft aufgezeigt haben, dass Gottes Wille nicht etwas Stures und Statisches ist, sondern dynamisches Handeln. Gott will nämlich keine unmündigen Marionetten oder kleinkarierte Beamtinnen und Beamten, die «kopflos» seine Befehle übernehmen.

Gott will aufrechte und selbstbewusste Menschen, die im Mitgestalten am Reich Gottes entdecken, wofür es sich zu leben lohnt. Religion wurde für mich zur inneren Befreiung, weil sie nicht eine Pflichtübung war, sondern ein Hineinwachsen in Werte und Ideale, die ich auch zutiefst in mir selbst entdeckte und nach deren Verwirklichung ich mich sehnte. Mein Leben ausrichten auf den Willen Gottes, heißt zutiefst annehmen, dass ich Geschöpf und Abbild Gottes bin. Als Geschöpf werde ich nicht kleingehalten, sondern bin aufgerufen, immer in Rückverbindung (lateinisch re-ligio) mit meinem Schöpfer zu leben. Gott hat mich geschaffen und gewollt, sein bedingungsloses JA verleiht meiner Existenz Würde und Sinn. Je mehr ich mich in Gottes Willen, d. h. im Aufbau am Reich Gottes verwurzle, umso mehr werde ich so, wie Gott mich gemeint hat. Denn Urvertrauen und Selbstvertrauen gehören zusammen. Das sind zwei Grunderfahrungen menschlichen Lebens, die bei Jesus ganz besonders stark zum Ausdruck kamen.

Die Theologin Dorothee Sölle nennt Jesus den glücklichsten Menschen, der je gelebt hat. Er hatte gelernt, ICH zu sagen. [18]

In der Tat kann ich von Jesus lernen, wie er mit dem Willen Gottes umging. Auch er musste ringen, um zu entdecken, was Gott mit ihm vorhatte. Darum nimmt er sich oft Zeit, um sich zurückzuziehen in die Stille und die Einsamkeit. Vor großen Entscheidungen betet Jesus. Dieses Beten ist ein Suchen nach dem Willen Gottes und nach seiner Aufgabe. Für Jesus war nicht von Anfang an alles klar. Sonst hätte er nicht sogar im Garten Gethsemane und am Kreuz um seine Aufgabe für alle Menschen gerungen. Das Ringen im Garten, das wir bei Matthäus (26,36–46), Markus (14,32–42) und bei Lukas (22,40–46) finden, liest sich wie ein Kommentar zur Bitte «Dein Wille geschehe». Nirgends geht es da um ein vorbehaltloses Erdulden. Wir entdecken da keinen passiven, sondern einen sehr aktiven Jesus. Bei Markus nennt Jesus Gott hier erstmals «Abba» (Papa), weil er ihn da am intensivsten erfährt. Diese Gotteserfahrung erdrückt nicht, sondern ermutigt, sich dem Schweren im Leben zu stellen. Nicht umsonst ruft Jesus seinen Jüngern zu: «Steht auf, wir wollen gehen.» (Matthäus 26,46)

Diese Lebenserfahrung zeigt mir, dass nur ein Mensch, der sich selbst geworden ist, auch selbst-los werden kann. Selbstfindung und Selbstaufgabe gehören zusammen. Das ist der geheimnisvolle Sinn unseres Lebens, der Sinn, den ich entdecke, wenn ich nicht um mich selbst kreise, sondern meine Gaben für ein größeres Ganzes, eben den Traum Gottes einer solidarischen Welt, einsetze. Das ist die faszinierende Botschaft, die die Kirche jahrhundertelang verschwiegen hat: Gott will Menschen, die durch ihn zu mehr Identität, Klarheit und Selbstbewusstsein kommen.

Ichstarke Menschen, die lernen, ihr Leben nicht nur nach den Erwartungen der Umwelt auszurichten, sondern nach dem ureigensten Weg, der im Innersten angelegt ist. Diese Suche ist ein lebenslanger Prozess. Ein Prozess, der die Auseinandersetzung mit dem Unverständnis und sogar der Ablehnung der andern beinhaltet. Die Kraft dazu schenkt Gott, wenn ich meine Suche ihm anvertraue und mich verwurzle im Vertrauen, dass ich auf diesem Weg der Selbstfindung ihn selbst finde. Ihn, der geheimnisvoll in mir lebt und wächst, damit ich mich selbst werde und meine Fähigkeiten für die Bewahrung der Schöpfung und für Frieden in Gerechtigkeit einsetzen kann.

«Wie erkennst Du den Willen Gottes im Wirrwarr der vielen Meinungen?», fragte mich eine Glaubenskursteilnehmerin. Ich hätte mir eine einfachere Frage gewünscht und suchte nach Worten. Beim Nachdenken kam mir eine wichtige kurze Antwort des Propheten Micha in den Sinn: «Dir ist gesagt, Mensch, was gut ist! Nur das verlangt Gott von dir: Recht tun und da sein für andere, Gott entsprechen mit deinem Leben.» (6,8)

Meine zweite Antwort mag einfach tönen, doch ich suche den Willen Gottes in der Praxis Jesu. Mitten im Alltag, in kleinen und großen Entscheidungen frage ich mich oft, was wohl Jesus getan hätte. Dabei bin ich mir natürlich bewusst, dass ich nicht einfach eine Antwort zur Verschuldungsfrage oder zum Umgang mit einem mühsamen Kollegen erhalte. Trotzdem hilft mir dieser Gedanke oft weiter, weil ich bei Jesus eine Lebensgrundhaltung entdecke, die den Willen Gottes mit den «Zeichen der Zeit» in Verbindung bringt. Er holte den Willen Gottes vom Himmel auf die Erde, mitten in den Alltag, in die Werkstatt, auf den Pausenplatz, in die Disco, ins Einkaufszentrum. Diese Verbindung sehe ich in der Bitte bei Matthäus. Es ist eine Konkretisierung des Reiches Gottes. Die himmlischen Verhältnisse sollen zu irdischen werden, es gibt schon ein Leben vor dem Tode! Dabei geht es nicht in erster Linie um ein

Bekenntnis, sondern um eine Lebenspraxis. «Nicht jeder, der ständig ‹Herr› zu mir sagt, wird in Gottes neue Welt kommen, sondern der, der auch tut, was mein Vater im Himmel will.» (Matthäus 7,21) Dies lebte Jesus intensiv vor. Er gehorchte Gott, weil er auf das hörte, was an ihn herankam. Nicht umsonst lebte er vor seinem öffentlichen Auftreten dreißig Jahre still unter den Menschen. Bevor er das Anbrechen des Reiches Gottes verkündete, lebte er hautnah und intensiv mit den Menschen. Er verinnerlichte in sich, was die Menschen bewegte und bedrückte. Er hörte ihnen stundenlang zu. Gott gehorchen und seinen Willen verwirklichen, heißt intensiv miteinander horchen auf das, was Gott mit uns vorhat. Diese radikale, unkalkulierte Hingabe des Lebens an Gott, der erhebt und befreit, «drängt in die praktische Nähe zu denen, für die Gehorsam gerade keine Tugend ist, sondern Zeichen der Unterdrückung, der Bevormundung und Entmündigung … Je radikaler dieser Nachfolgegehorsam praktiziert wird, umso erhebender und befreiender, aber auch umso beruhigender wirkt er sich inmitten des Lebens, des individuellen, gesellschaftlichen und kirchlichen, aus.» [19]

Dazu brauchen wir einander. Denn Gott gehorchen heißt miteinander im Dialog sein, aufeinander und auf das Wort Gottes hören, um dann miteinander zu entdecken, was wir tun müssen und was unser Leben sinnvoll werden lässt.

Vertrauensworte konkret

Der Wille Gottes ereignet sich nicht außerhalb von mir, sondern im Entdecken meiner Lebenskraft, meiner Fähigkeiten, meiner Talente. Jede und jeder von uns hat ihren/seinen ureigenen Platz auf dieser Welt, darin zeichnet sich unsere Lebensaufgabe ab. Je mehr ich mich selbst werde, mich in meinem Element fühle, umso mehr kann ich über mich hinauswachsen und mich zu meinem Wohle und zum Wohle der Gemeinschaft einbringen. In dieser bewussten Lebensgestaltung lerne ich Grenzen und Prioritäten zu setzen für mehr Lebensqualität.

Teresa gibt offen zu, dass sie auch in diesem Prozess nicht ohne Eigeninteressen ist. Sie hat erfahren, dass sie glücklich wird, wenn sie sich vergisst, wenn sie über sich selbst hinauswächst. Dann ereignet sich ein Stück Himmel auf Erden:

«Wenn die Erde zum Himmel geworden ist, wird es auch möglich, dass in mir dein Wille geschehe … Es stünde schön um mich, wenn die Erfüllung oder Nichterfüllung deines Willens in meinen Händen läge. Ich gebe dir jetzt aus freien Stücken den meinen hin, wie das seit einiger Zeit nicht ohne Eigeninteressen geschieht; denn ich habe schon erprobt und viel Erfahrung damit gemacht, welchen Gewinn es bedeutet, meinen Willen freiwillig dem deinen zu überlassen.» [20]

Ich erkenne darin jene selbstbewusste Demut, die zuerst Zugänge zum eigenen Selbst entfaltet, um echte Selbst-losigkeit einzuüben, Tag für Tag.

Zur Meditation

Erde und Himmel verbinden
im Entfalten meiner Lebenskraft
die mich auch auf meine Verletzlichkeit verweist
und mich feinfühliger werden lässt

Erde und Himmel verbinden
im Horchen auf meine innere Stimme des Vertrauens
die meine Selbstwerdung fördert
damit ich selbstloser werden kann

Erde und Himmel verbinden
im Zusammenspiel
zwischen Deinem und meinem Willen
das mich über mich hinauswachsen lässt
zum Wohl der ganzen Gemeinschaft

Brot und Rosen

In einem Bibliodrama-Atelier hatten wir uns einmal mit den Personen der Bartimäusgeschichte identifiziert. Dabei ließ sich Jesus viel Zeit, um den blinden Bettler zu heilen. Dieser schrie dadurch umso lauter. Die andern Stadtbewohnerinnen und Stadtbewohner redeten auf ihn ein und wollten ihm klar machen, dass er zuerst innerlich sehend werden müsste, um geheilt zu werden.

Wenn ich solche Gedankengänge höre, wird mir ganz unwohl, manchmal werde ich sogar wütend. Denn Gott, wie er sich in Jesus gezeigt hat, ist kein verinnerlichter und vergeistigter Gott. Wer sehend ist, eine Wohnung und einen vollen Bauch hat, ist zynisch und unmenschlich, wenn er Hungernde und Obdachlose auf die innere Dimension vertröstet. Jesus hat die Menschen geheilt und ihnen zu essen gegeben, weil er dem Glauben eine konkrete, hand-feste Wirkung gab. Die Brotbitte nimmt uns Menschen ernst. Unser Menschsein hängt von einem Brocken Brot, aber auch von einer Rose ab. Die Arbeiterinnenbewegung der zwanziger Jahre forderte «Brot und Rosen», das Lebensnotwendige und das Schöne. Es ist ein Hohn und ein Verrat am Engagement Jesu, wenn irgendeinem Menschen Brot abgesprochen wird. Denn die Bibel kennt keine Trennung zwischen Leib und Seele. Wenn Jesus uns sagt, dass der Mensch nicht vom Brot allein lebt, weist er auf die notwendige geistige Dimension unseres Lebens hin, auf die Rose. Er ersetzt jedoch nicht das eine durch das andere. Wir brauchen beides: tägliche Nahrung und tägliche Zuwendung durch Worte und Gesten der Zärtlichkeit. Die Brotbitte ist zuallererst eine Überlebensbitte. Bei den Evangelisten tauchen da klare Unterschiede auf. Matthäus spricht von «heute», Lukas von «Tag für Tag». Vom griechischen Urtext her ist es schwierig zu erkennen, ob es um «das Brot für jeden Tag» oder um «das Brot für morgen» oder um eine Synthese «unser zukünftiges Brot gib uns heute» handelt. Ich schließe mich der Auffassung an, dass es sich nicht um eine Zeit-, sondern eine Maßangabe handelt. [21]

Die Mannageschichte (Exodus 16) ruft das Volk Gottes auf, das Brot nicht zu horten. Diesen Gedanken nimmt Jesus in der Bergpredigt auf, wenn er dazu aufruft, nicht in den Sorgen aufzugehen: «Suchet vielmehr zuerst das Reich und seine Gerechtigkeit; dann wird euch alles andere dazu gegeben.» (Matthäus 6,33) Ein Wort, das in die Nähe der Benachteiligten führt. Zur Zeit Jesu gab es viele Hungernde, Arme und Ausgestoßene. Ihnen galt die Solidarität Jesu. Auch heute brauchen Hungernde und Ausgegrenzte nicht unsere verinnerlichten Gedanken, sondern unser solidarisches Handeln und Teilen, damit Gott greifbar nahe wird.

Beim Zeitunglesen stieß ich einmal auf zwei Menschen, die mich zum Revoltieren brachten. Während täglich 40'000 Kinder an Unterernährung sterben, setzen zwei amerikanische Ernährungswissenschaftler ihre Fähigkeit ein, um im Labor künstliche Nahrungsmittel zu erfinden, in der Hoffnung, dass in etwa zehn Jahren sich Millionen von Menschen in den Industriestaaten folgenlos (= ohne dick zu werden) den Magen vollschlagen können. Und gleichzeitig verhungern unzählige andere Menschen. Solche Meldungen müssen uns Christinnen und Christen herausfordern. Denn im Zentrum unseres Glaubens steht das Brot. Die verdichtete Gegenwart Gottes in diesem Sakrament verweist uns auf die Verbundenheit mit der ganzen Schöpfung und mit allen Menschen. Jedes Sakrament ist darum höchst politisch, ganz besonders die Eucharistie. Den Leib Christi empfangen, beinhaltet Leib Christi zu sein.

Das ist eine Erfahrung, die mich an ein Ereignis im Leben von Bischof Dom Helder Camara erinnert: Er hörte eines Tages, dass eine Kirche seiner Diözese ausgeraubt worden sei. Man hatte den Tabernakel aufgebrochen und die geweihten Hostien in den Ausguss geworfen. Betroffen vom Frevel äußerten die Gläubigen ihren Protest und verlangten vom Bischof eine Sühnemesse. Dom Helder verstand ihren berechtigten Wunsch durchaus. Doch er fragte sie: «Wenn ihr Zeugen seid, wie Menschen verhaftet, gefoltert, getötet werden, protestiert ihr dann? Verlangt ihr dann auch eine Sühnemesse? Diese Menschen sind doch die leidenden Glieder Christi, die man mit Füßen tritt. Sie sind der Leib Christi, den man verfolgt.» [22]

Diese höchstbrisante politische Dimension entdeckte ich in der Bitte um das tägliche Brot. Denn ich bete nicht für «mein», sondern für «unser» Brot. Damit nehme ich mich hinein in die Verantwortung, das Brot zu teilen. Diese Konsequnez führt mich zu schlaflosen Nächten und löst in mir viele unbequeme Fragen aus:

- Wie können wir mit unseren überfüllten Kühltruhen und unserem überversicherten Leben noch glaubwürdig um Brot bitten und Eucharistie feiern?
- Ist es nicht ein Widerspruch, von Gemeinschaft und weltweiter Verbundenheit zu reden, ohne bereit zu sein, unseren Wohlstand zu teilen?
- Können wir verkünden, dass Jesus für alle gestorben ist, damit alle Heil erfahren, wenn wir nicht einmal bereit sind, nach konkreten Umsetzungen dieser Wirklichkeit zu suchen?
- Haben wir das Recht, Jesus als Brot des Lebens zu teilen, ohne der Mehrheit der Menschen das Grundrecht der Nahrung zukommen zu lassen?
- Müssten wir nicht einmal den Mut haben, bewusst eine sonntägliche Eucharistiefeier durch eine Pfarreiversammlung zu ersetzen, wo wir als christliche Gemeinde uns mit der urchristlichen Praxis auseinander setzen?

Beten und Teilen ist unzertrennlich verbunden. So lese ich es auf jeden Fall in der Apostelgeschichte: «Wenn einer Vermögen hatte, betrachtete er es nicht als persönliches, sondern als gemeinsames Eigentum … Niemand aus der Gemeinde brauchte Not zu leiden. Sooft es an etwas fehlte, verkaufte irgendeiner sein Grundstück oder sein Haus und brachte den Erlös den Aposteln. Jeder bekam davon so viel, wie er nötig hatte.» (Apostelgeschichte 4,32–35) Weil ich mich nach dieser Praxis sehne, stoße ich auf diese bedrängenden Fragen. Dabei stelle ich zuallererst mich und meine Glaubwürdigkeit in Frage. Ich bin mir bewusst, dass für mich die Eucharistie eine unerschöpfliche Kraftquelle ist, die mich zur Umkehr ruft und bestärkt. Und doch spüre ich, wie sehr wir in Gefahr sind, die Botschaft Jesu zu verharmlosen.

Um 1513 hatte sich der spanische Missionar und Priester Las Casas von der Not der Armen treffen lassen. Obwohl er der einzige Priester in Kuba war, hatte er sich geweigert, mit den Großgrundbesitzern und Eroberern die Eucharistie zu feiern. Er befreite zuerst die Indios und wurde so zum echten Befreiungstheologen.[23] Müssten wir nicht stärker in diese Richtung nach neuen Schritten suchen? Ich meine, es sei notwendig, denn schon Jesus konnte es nicht allen recht machen, weil er Brot für alle wollte. Die wunderbare

Brotvermehrung ist ein deutliches Zeichen, wo wir Gott suchen müssen. Ich finde ihn zum Beispiel da, wo Jugendliche mir mitteilen, dass sie immer soviel Geld für ein Drittweltprojekt geben, wie sie für die Ferien, Konzerte und CDs brauchen. Ähnlich spüre ich die Nähe zur urchristlichen Praxis und zur Brotbitte, wenn Christinnen und Christen zum Beispiel die Empfehlung der «Erklärung von Bern» und der Schweizer Synode 72 anwenden und ein bis drei Prozent ihres Lohnes für die Entwicklungszusammenarbeit einsetzen. Was alleine kaum denkbar ist, kann gemeinsam zum befreienden Handeln führen. Wir müssen uns dazu bestärken und herausfordern. Denn Gott ist gegenwärtig im geteilten Brot.

Vertrauensworte konkret

«Brot und Rosen» sind die beiden Worte, die mir in meiner konkreten Lebensgestaltung helfen, ein Gleichgewicht zu finden zwischen Tun und Ausruhen, Engagement und Genießen, Aktivität und Feiern. Es verdichtet sich in der brennenden Kerze, die bei jeder Arbeitssitzung, bei einem Gespräch und während des Essens auf demTisch steht und immer neben dem Computer brennt. Sie weist mich offensichtlich auf jene Dimension meines Lebens hin, die all mein Arbeiten übersteigt. Auch wenn ich mein Bestes gegeben habe, es wird immer bruchstückhaft sein und das ist gut so. Zärtlich mit sich selbst umgehen und sich etwas gönnen eröffnet jene echte Solidarität, die nicht aus einem überheblichen Mitleid, sondern aus tiefem Mitgefühl andere an seinem Glück, seinem Lohn, seiner Kreativität Anteil nehmen lässt. Teresa von Avila findet diese Lebensgrundhaltung des Teilens in der Eucharistie, die uns zu einer engagierten Gelassenheit begleiten wird. Denn vor all unserem Tun wohnt Christus in uns als «allerinnerste Mitte». In der Brotbitte verinnerlichen

wir diese Wirklichkeit, unser Leben angesichts der Ewigkeit anzuschauen, um im Hier und Jetzt uns für Gerechtigkeit einzusetzen: «Um jenes Brot macht euch keine Sorge, ihr, die ihr euch in aller Wahrheit dem Willen Gottes überlassen habt.
Ich meine, in den Zeiten des inneren Betens, in denen ihr Wichtigeres besprecht; denn es gibt auch andere Zeiten, in denen die damit Beauftragte Sorge tragen muss, dass ihr etwas zu essen habt, ich meine, dass sie euch das gibt, was sie hat. Habt nur keine Angst, dass es euch fehlen wird, wenn ihr nicht in dem fehlt, was ihr versprochen habt, nämlich euch dem Willen Gottes zu überlassen.» [24]
Ich erkenne darin jene geerdete Spiritualiät, die uns einlädt, unsere Sorgen und Ängste wahrzunehmen, um sie Gott überlassen zu können. In vielen mühsamen und beschwerlichen Reisen hat Teresa neue Klöster gegründet, in denen viel Raum zum Schweigen ist und zugleich füreinander gesorgt wird. Ihre bekannten Worten «wenn Rebhuhn, dann Rebhuhn und wenn Fasten, dann Fasten» bestärken zu einem ausgeglichenen Lebensstil. So sind wir nicht nur aufgerufen, Eucharistie/Abendmahl zu feiern, sondern die Gegenwart Gottes in allem zu erkennen. Teresa bringt diese Nähe zum Alltag auf den Punkt: «Erkennt, dass selbst in der Küche bei den Töpfen Christus euch begleitet, um euch innerlich und äusserlich beizustehen.» [25]

Zur Meditation

Deine Schönheit feiern
mit einem Stück Brot
das im Teilen Deinen Traum
einer solidarischeren Welt verwirklicht

Deine Zärtlichkeit feiern
mit einer Rose
die zur Sinnlichkeit berührt
und uns zum Hoffnungstanz bewegt

Deine Großzügigkeit feiern
im Verweilen in der Schöpfung
die uns Deinen Ursegen schenkt
damit kein Mensch mehr leiblich-seelisch verhungert

Deinen Frieden feiern
mit Brot und Wein
die ganzheitlich bestärken
zum Erkennen Deiner Gegenwart in allem

«Und vergib uns unsere Schuld,
wie auch wir vergeben unseren Schuldigern»

Von der Sehnsucht, angenommen zu sein

Vergebung annehmen und vergeben können sind ganz schwierige Lebensvollzüge. In verschiedenen Gesprächen bin ich immer wieder auf dieses Thema gestoßen. «Ich kann nicht mehr in der Liturgiegruppe mitmachen, weil mich in der Liturgie die Sündenvergebung stört. Ich weiß doch, dass ich Fehler mache, warum muss es dann so oft betont werden?», sagte mir ein Jugendlicher. Ähnlich drückte sich ein Freund aus: «Das dauernde Wiederholen unserer Schuld ertrage ich nicht mehr. Am Anfang des Gottesdienstes beginnt es, sogar im «Gloria» kommt es vor und vor der Kommunion erreicht es den Höhepunkt. Nach dem Gebet «Lamm Gottes» muss ich noch beten «ich bin nicht würdig». Dies löst bei mir das Gefühl aus, dass ich kriechend zu diesem Gott vorstoßen muss. Davon habe ich genug!» Eine ältere Frau sagte mir, dass sie das Wort «barmherzig» nicht mehr hören könne, es mache sie so klein und schlecht.

In all diesen Gesprächen entdecke ich einen Zusammenhang zwischen dem Gottesbild dieser Leute und der Erfahrung, nur dann gut zu sein, wenn ich eine Leistung vollbringe. Da holt mich jeweils auch meine eigene Lebensgeschichte schnell ein. Viele von uns haben gelernt, sich nur angenommen zu fühlen, wenn wir den Erwartungen der andern entsprechen, wenn wir niemanden enttäuschen, keine Schwächen zeigen. Ganz tief steckt in uns die Angst, nicht mehr geliebt zu werden. Wir tun alles, um angenommen zu sein und sind dabei in Gefahr, dem Geheimnis der bedingungslosen Liebe zu entrinnen. Denn die Frage der Schuld muss in diesem Zusammenhang gesehen werden. Gott schenkt uns sein JA zu unserem Leben, bevor wir etwas Gutes oder Schlechtes getan haben. Diese Zusage feiern wir in der Taufe und diese befreiende Wirklichkeit möchte in unserem Leben erfahrbar werden.

Doch die ernüchternden Gegenerfahrungen haben scheinbar mehr Platz in uns. In einem Glaubenskurs haben sich die Teilnehmenden einmal in die Situation des verlorenen Sohnes versetzt: «Was hat er wohl einen Tag nach seiner Rückkehr ins Tagebuch geschrieben?» Mich hat erschüttert, wie oft in etwa folgender Tagebuchgedanke auftauchte: «Ob ich mich wohl wirklich freuen kann? Ist die Liebe meines Vaters wirklich echt? Jetzt darf ich ihn nicht mehr enttäuschen.

Und wenn es mir wieder nicht gelingt, seine Erwartungen zu erfüllen? Wenn mich die Reiselust wieder packt? Muss ich jetzt ewig dankbar sein für sein Entgegenkommen?»
Die Angst vor dem Liebesverlust verfolgt uns oft. Ob uns das Reden vom barmherzigen Gott von dieser Angst befreien kann?

Das Wort «barmherzig» stammt aus dem Althochdeutschen und bedeutet «wer ein Herz für die Armen hat». Diese Bedeutung finde ich auch in den biblischen Texten. Die Rede vom barmherzigen Gott entdecke ich vor allem in den Psalmen, wo alles, was in unserem Leben erfahrbar ist, zur Sprache kommt: Sehnsucht, Wut, Dank, Hoffnung, Enttäuschung, Aggression, Vertrauen, Lob, Feindbilder und Versöhnung[26]. In all diesen Gefühlsregungen wird Gott als langmütig und barmherzig erfahren, weil all das im Leben Platz haben darf. Gott liebt den Menschen in all seiner Widersprüchlichkeit und Inkonsequenz. Er will damit unser angelerntes Verhalten durchbrechen, uns nur angenommen zu fühlen, wenn wir unsere Schwächen überspielen und unser wahres Gesicht und Inneres verbergen. Bei Gott hat alles Versagen Platz. Es ist diese befreiende Geborgenheit, die mich verbindet mit allen Menschen. Ich brauche keine Feindbilder und Sündenböcke mehr. So kann ich lernen, zu meinen Schwächen und Schattenseiten zu stehen, im Bewusstwerden, dass auch in mir ein potenzieller Mörder, Süchtiger, Ausbeuter ist. Alles, was an Brutalität und Perversion auf dieser Welt existiert, steckt auch ansatzweise in mir. Das «Selig die Barmherzigen, denn sie werden Erbarmen finden» der Bergpredigt beinhaltet für mich genau diese Dimension. Das heißt nicht, dass ich schlecht oder erbärmlich bin, sondern dass ich verletzlich und unvollkommen bin und auch sein darf. Das Reden vom barmherzigen Gott will mich befreien vom unerbittlichen Leistungskampf, genügen zu müssen. Diese hoffnungserweckende Erfahrung können wir nicht genug betonen, besonders nicht in unserer Liturgie. Durch Jesus ist sichtbar geworden, dass Gott uns Menschen die Würde unseres Lebens schenkt. Trotz Fehlern sind wir Abbild Gottes. Darum predigte er keine Schuld, sondern sprach den Menschen Vergebung zu. Er wandte sich ihnen zu, damit sie Schritt für Schritt sich selbst werden können, ein Prozess, der ohne Schuld nicht möglich ist. Nur wenn ich lerne, meine Schattenseiten anzunehmen, kann ich mir und auch den andern Veränderung zugestehen. Eben, wenn ich versuche allen Menschen wohlgesinnt zu sein. Davon spricht Jesus all-täglich.

Ein weiteres Problem begegnet uns, wenn nebst dem versöhnlichen Gott so oft vom richtenden Gott die Rede ist. Was ist er jetzt? Beides ist doch nicht miteinander zu vereinbaren? Oder doch? Die Psalmisten tun sich nicht schwer, Gott als gerecht und barmherzig zu sehen. Auch Jesus muss in dieser Tradition gesehen werden. Die Barmherzigkeit Gottes ist nicht zu verwechseln mit dem Bild vom gutmütigen Gott, der den Überblick verloren hat und alles geschehen lässt. Nicht zufällig setzt sich Jesus bei Lukas vehement und hart gegen das Unrecht ein, bevor er seine Jünger aufruft, Unrecht immer zu verzeihen. «Er sprach zu seinen Jüngern: Undenkbar ist es, dass die Ärgernisse nicht kommen; wehe aber dem, durch den sie kommen. Es wäre ihm besser, wenn ein Mühlstein um seinen Hals gelegt und er ins Meer geworden würde, als dass er Ärgernis gibt einem von diesen Kleinen. Nehmt euch in Acht! Wenn dein Bruder sündigt, so weise ihn zurecht und tut es ihm Leid, so vergib ihm. Und sündigt er siebenmal des Tages gegen dich und kommt er siebenmal zurück und sagt: ‹Es tut mir Leid›, so vergib ihm.» (17,1–4)

So wie wir aufgerufen sind, Schuld zu vergeben, so vergibt uns Gott unsere Schuld. Diese Spannung gilt es auszuhalten. Ich kann mir nicht vorstellen, dass Gott mich richtet. Trotzdem sehne ich mich danach, dass er mich mit mehr Mut zur Gerechtigkeit aus- und aufrichtet. «Denn Gott hat seinen Sohn nicht in die Welt gesandt, damit er die Welt richtet, sondern damit die Welt durch ihn gerettet wird.» (Johannes 3,17) Diese Rettung hat klare Kriterien. Eben die Grundhaltung, ein Herz für die Armen zu haben. Im ganzen Matthäusevangelium wird auf diese Glaubwürdigkeit hingewiesen. Was ich für mich beanspruche, das muss ich auch andern zugestehen. Im 25. Kapitel wird dann offen-sichtlich, was am Ende der Geschichte zählt, die Werke der Barmherzigkeit: «Was ihr für einen meiner geringsten Brüder getan habt, das habt ihr mir getan.» (25,40) Darum steht bei Matthäus im Vaterunser: «wie auch wir sie unseren Schuldnern erlassen haben», währenddem Lukas es als Versprechen formuliert. Gott richtet mich nicht. Er ruft mich hingegen auf, mich auf die tiefste Sehnsucht in mir auszurichten. Die Sehnsucht, dass alle Menschen zu essen und eine Wohnung haben, dass alle ein Recht haben, in Würde zu leben und zu lieben, und dass alle ihre Vorurteile und Feindbilder abbauen, um so zum Zeichen der Versöhnung zu werden.

Wenn ich diese innere Vision nicht ernst nehme und überall dort protestiere, wo sie bedroht ist, bleibe ich sie mir schuldig. Wenn ich nämlich nichts sage, mich schweigend dem Unrecht beuge, kann der barmherzige und gerechte Gott nicht mehr erfahrbar werden. Nach ihm und seiner Gerechtigkeit sollen sich alle Menschen richten. Denn nur so wird Versöhnung und Frieden möglich. Eines ohne das andere ist für den biblischen Gott unvorstellbar, denn «Gerechtigkeit und Frieden umarmen sich». (Psalm 85,11)

Vertrauensworte konkret

Jeder spirituelle Weg ist ein Versöhnungsweg. Ein echter Weg der Innerlichkeit bringt mich nicht nur in Berührung mit dem ewigen Friedensort in mir, wo ich sein darf und aufgehoben bin, sondern er lässt mich noch intensiver die Ungerechtigkeit und Verletzlichkeit spüren. Echte Kontemplation verwandelt meine Sicht der Wirklichkeit. Ich bin aufgerufen meinen Friedensbeitrag in wohlwollender Konfliktfähigkeit zu wagen und zugleich lerne ich anzunehmen, dass Friede nicht machbar ist.

Meine Meditation lässt mich Momente der Ruhe finden, damit ich Distanz erhalte zu den Ereignissen: So verliere ich mich nicht in der Opferrolle und im Sündenbockmechanismus, sondern ich vertraue auf die Friedenskraft, die im schweigenden Beten auf der ganzen Welt verstärkt wird. Ich lerne dabei gleichzeitig, mich in einem guten Sinn zu schützen. Ich informiere mich durch die Tageszeitung, Radio und Fernsehen, doch ich lerne bewusst zu entscheiden, wie lange ich mich mit solchen Informationen konfrontieren will. Im schrecklichen Irakkrieg 2003 wurde mir einmal mehr bewusst, wie dieses ständige Spekulieren und Informieren mich weit entfernte von meinem Beitrag zum Frieden. So habe ich mich ganz bewusst nur fünfzehn Minuten pro Tag informiert. Zugleich habe ich den ganzen Tag hindurch meine Achtsamkeit auf das Aufstehen gelenkt. Mein Aufstehen wird zum Gebet, wenn ich einen Moment stehen bleibe und mich erinnere, dass in diesem Moment auf allen Kontinente Frauen und Männer, Kinder und Jugendliche aufstehen für Frieden. Ich vertraue darauf, dass Christus in uns aufersteht und dadurch seine Vaterunserbitte unsere Lebenskraft stärkt. Teresa ermutigt zu diesem Eintauchen in die Liebe Gottes, um dem Frieden eine Chance zu geben auf dieser Welt:

«Ich kann nicht glauben, dass ein Mensch, der der Barmherzigkeit so nahe kommt und in ihrem Licht erkennt, wer er ist und wie viel Gott ihm verziehen hat, nicht mit Selbstverständlichkeit jedem, der ihm Unrecht getan hat, verzeihen kann und ihm gut will. Die Gnaden und die inneren Tröstungen, die er als Zeichen der großen Liebe Gottes deuten muss, sind ihm gegenwärtig, und er freut sich, wenn sich eine Gelegenheit bietet, etwas von dieser Liebe weiterzugeben.» [27]

Zur Meditation

Versöhnung wünsche ich dir
mit jenen Anteilen in dir
mit denen du dich schwer tust
und die deine Lebenskraft blockieren

Versöhnung wünsche ich dir
mit jenen Menschen deiner Geschichte
die dich verletzt und ausgenützt haben
und denen du noch heute zuviel Macht gibst

Versöhnung wünsche ich uns
im Aufarbeiten unserer Unheilsgeschichte
vor der wir nicht davonspringen können
und deren Unrecht wieder gut gemacht werden muss

Versöhnung wünsche ich uns
die nie machbar ist
sondern uns geschenkt wird
durch Dich Urgrund aller Versöhnungsinitiativen

Gott versucht nicht!

Ich habe mich jahrelang geweigert, Gott zu bitten, er möge mich nicht versuchen. Bei dieser Stelle im Vaterunser habe ich immer geschwiegen. Ich konnte mir nicht vorstellen, dass Gott mich versucht. Mit einem Gott, der mich prüft und auf die Probe stellt, habe ich meine große Mühe. Als ich mich einmal im Bibliodrama mit der Person des Abraham identifizierte und im Spiel meinen Sohn Isaak opfern sollte, versteinerte sich mein Arm. Ich spürte in mir einen massiven Widerstand gegen einen Gott, der Unmenschliches von Menschen verlangt. Kurz bevor der Engel mich befreite, sagte ich zu Isaak: «Lieber lebe ich ohne Gott, als mit einem Gott, der uns auf diese Weise prüft.»

In der biblischen Frömmigkeit klingt der Gedanke der Prüfung Gottes relativ häufig an. Er wird keineswegs nur negativ bewertet. Denn Glaube ist ein Prozess, ein Weg mit Höhen und Tiefen. Glauben ist keine Lebensversicherung, sondern ein Wagnis, ein Suchen und Hoffen. Dazu gehört auch der Gedanke der «Bewährung». In dieser Grundhaltung finde ich mich recht gut. Mühe habe ich, wo daraus ein starres und autoritäres Gottesbild abgeleitet wird. Denn das Gottesbild in der Bibel ist nicht statisch, sondern entwickelt sich dauernd. So sehe ich auch die Erzählung von Abraham und Isaak (Genesis 22) als Gegengeschichte. Bei den Nachbarn Israels, den Kanaanitern waren Kindesopfer üblich. Diese biblische Geschichte zeigt uns das Ringen um diese Problematik. Abraham meinte, Gott verlange von ihm das Opfer, und er durfte mühsam und befreiend lernen, dass Gott die Menschen nicht quälen will. Dieses Ringen um einen menschlichen Gott zieht sich durch die ganze Bibel hindurch. Im Buch Richter (11) finden wir noch einmalig die erschreckende Praxis eines Menschenopfers. Es beweist, dass es in Israel höchst selten vorkam, und nicht, dass Gott Menschenopfer wünscht. Im Buche Judith und Hiob klingt die Frage der Prüfung sehr stark an. In den späteren Schriften, wie bei Jesus Sirach, lesen wir klar und deutlich, dass Gott die Menschen nicht zu Fall bringen will (Sir 15,11–12). So erstaunt es mich umso mehr, wie Jesus im Vaterunser die uns gewohnte Formulierung braucht. Sie hat schon den ersten Christen Kopfzerbrechen bereitet. Ich bin froh, zu entdecken, wie der Theologe Origenes (185–253 n. Chr.) tiefsinnig erklärt: «Wir bitten um Errettung aus der Versuchung; nicht darum, überhaupt nicht versucht zu werden, weil dies für Menschen auf Erden unmöglich ist, sondern, dass wir der Versuchung nicht verfallen.»

Meine Verweigerung, diese Bitte zu beten, löste sich, als ich von einigen Bibelforschern den ursprünglich gemeinten Wortlaut erfahren habe. Er müsste heißen: «Lasse uns nicht der Versuchung anheimfallen.» Ob wir damit der Absicht Jesu gerecht werden? Ich meine schon. Denn ich finde nirgends in der Art und Weise, wie Jesus mit den Menschen umging, einen Hinweis, dass er sie auf die Probe gestellt oder gar versucht hätte. Erstaunlicherweise stoße ich erst jetzt auf eine Stelle im Jakobusbrief, die an Deutlichkeit nichts zu wünschen übriglässt: «Keiner sage, wenn er versucht wird: Ich werde von Gott versucht. Denn Gott kann nicht zum Bösen versucht werden; er versucht auch selbst niemanden. Vielmehr wird jeder versucht, indem er von der eigenen Begierlichkeit gelockt und geködert wird.» (Jakobus 1,13–14) Damit stehen wir einmal mehr vor der geheimnisvollen Frage des Bösen in unserer Welt.

Unser Menschsein ist von Anfang an von Versuchungen geprägt. Kein Kind wird in eine heile Welt geboren. Von Anfang an ist es mit Versuchung konfrontiert. Es wird in eine Welt geboren, wo die Seen verseucht sind und die Luft verschmutzt ist, wo viele Beziehungen auseinander brechen, wo der Konsum das Leben der Menschen bestimmt. Auf einer Geburtsanzeige lese ich: «Gott zeigt uns mit jedem Kind, dass er nicht an uns Menschen verzweifelt ist.» Ja, warum schafft Gott das Böse nicht aus der Welt? Soviel Leid und Ungerechtigkeit lassen viele Menschen an der guten Absicht Gottes zweifeln. Wir werden keine endgültige Antwort finden. Wir können uns aber bewegen und begeistern lassen von einem Gott, der uns zutraut, mit unserer Freiheit umzugehen. Gott erschuf den Menschen nicht als Roboter, der auf «gut» programmiert ist, sondern als liebensfähiges Wesen, das zwischen Gut und Böse, zwischen Krieg und Frieden entscheiden kann. Liebe bedingt Freiheit. Niemand – nicht einmal Gott – kann uns zur Liebe zwingen. Darum geht er mit uns das Wagnis ein, ihn als schöpferischen Gott zu erfahren, der uns nicht Angst machen will, sondern uns zur schöpferischen Mitverantwortung ruft. Sie Bibel nennt das Bund, einen gegenseitigen Vertrag. Der Mensch wird frei, wenn er sein Leben in Verbindung mit Gott gestaltet. Da kann er lernen, mit seiner Freiheit umzugehen. Wann immer der Mensch die Freiheit absolut setzt, wird der Mensch Opfer der Menschen. Es gibt viele, die meinen, wir Menschen seien mit der Freiheit überfordert. Sie fordern dann eine starke Hand, einen allmächtigen Gott, der endlich eingreift und das Böse vernichtet. Dabei denken sie zuallererst an die «richtigen Bösen» und vergessen, dass auch in ihnen das Böse angelegt ist. Auf die Frage des Nicht-eingreifen Gottes stelle ich immer die Gegenfrage: «Meinst Du, warum wir Menschen nicht eingreifen und uns wehren, wenn Menschen ausgelacht oder ausgeschafft werden?»

Gott greift dauernd in unser Leben ein, indem er uns zum Guten bewegt. In Jesus ist deutlich sichtbar geworden, wie Gott groß von uns denkt. Er hält die Menschen nicht unmündig, bindet sie nicht an sich, macht sie nicht abhängig. Er weckt in ihnen Kräfte, um gegen das Böse anzukämpfen. Gott ist nicht ängstlich und geht nicht «buchhalterisch» mit uns um. Er ruft uns dauernd auf, aus freier innerer Entscheidung Lebensbedingungen zu schaffen, die alle Menschen aufatmen lassen. Diese Entscheidung darf nicht aus Angst oder falschem Druck entstehen. Jesus lässt den reichen Jüngling ziehen, jedoch hoffend, dass bei Gott kein Ding unmöglich ist. Wenn dieses Urvertrauen in uns wächst, dann sind wir den Versuchungen nicht ausgeliefert. Dann erfahren wir, wie Christus in uns lebt und uns im Ringen für eine solidarische Welt begleitet. Darum bete ich auch gerne: «Und führe uns in der Versuchung.»

Vertrauensworte konkret

Wenn ich auf meinen spirituellen Weg schaue, so spüre ich, wie wichtig der Umgang mit der Sprache ist. Mystikerinnen und Mystiker haben nicht zufällig an der Sprache gearbeitet und ein Leben lang nach neuen Worten gesucht für das Unsagbare. In unserem offenen Kloster, in dem ich zehn Jahre gewohnt habe und auch weiterhin als spiritueller Begleiter in Kursen und Gesprächen tätig sein werde[28]*, war es mir von Anfang an sehr wichtig auf die Gebetssprache zu achten. Denn ich teile in keiner Art und Weise jene überheblichen Argumente, die mit einem Lächeln aufzeigen möchten, wie unwichtig solche sprachlichen Veränderungen seien. Unser Menschen- und Gottesbild vertieft sich täglich, ganz unbewusst auch durch unsere Sprache. So beten wir in der Kapelle unseres offenen Klosters das Gebet Jesu oft in leicht veränderter Form:*

Mutter-/Vaterunser im Himmel
Geheiligt werde dein Name
Dein Reich komme
Dein Wille geschehe wie im Himmel so auf Erden
Unser tägliches Brot gib uns heute
Und vergib uns unsere Schuld wie auch wir vergeben unseren Schuldigern
Und führe uns in der Versuchung
Und erlöse uns von dem Bösen.
Denn Dein ist das Reich, und die Kraft
und die Zärtlichkeit in Ewigkeit. Amen

Ob ich Tag für Tag «Herrlichkeit» oder «Zärtlichkeit» bete, das verwandelt meinen Glaubensweg. Er lässt mich meine Lebenskraft erfahren im Mitgestalten an der notwendigen Versöhnung zwischen Sexualität und Spiritualität. Darum brauchen wir den Mut, neue Worte für die uralte, zärtliche Zuwendung Gottes zu suchen. Ihre Weite und persönliche Offenheit fasziniert mich immer wieder neu bei Teresa von Avila. Obwohl ihre Vaterunsermeditationen unter dem Titel «Buch der Vollkommenheit» veröffentlicht worden sind, so finde ich darin jene wohltuende Unvollkommenheit, die ich in meiner «Spiritualität der Unvollkommenheit»[29] entfaltet habe. Obwohl die spanische Mystikerin intensive Erfahrungen der Nähe Gottes erlebt hat, bleibt sie unterwegs mit viel Höhen und Tiefen, mit vielen Versuchungen. Welch eine Wohltat bei ihr zu lesen, dass widersprüchliche Gefühle ein Leben lang zu uns gehören: «Manchmal fühle ich mich zum Beispiel schon ganz losgelöst von Anhänglichkeiten. Und wenn es dann zur Probe kommt, bin ich es auch tatsächlich! Aber ein anderes Mal erlebe ich mich wieder so eingenommen von allem, ja von Dingen, über die ich mich vielleicht tags zuvor noch lustig gemacht habe. Ich erkenne mich dann fast nicht mehr wieder. Oder manchmal meine ich, dass ich einen beachtlichen Heldenmut habe und vor keiner Schwierigkeit, die im Dienste Gottes auf mich zukommen könnte, zurückschrecken würde. Das hat sich auch einige Male in der Tat bestätigt. Aber dann kommt wieder ein Tag, da bringe ich nicht einmal so viel Energie auf, um mit einer Ameise fertig zu werden, die mir über den Weg läuft. Ein andermal kommt es mir vor, als könnte es mir absolut nichts ausmachen, wenn andere über mich reden. Zuweilen habe ich auch tatsächlich die Erfahrung gemacht, dass ich mich sogar darüber freuen konnte. Aber dann kommen Tage, an denen mich schon ein einziges Wort niederdrückt und ich am liebsten fortlaufen möchte, so zuwider ist mir alles. Und das ist nicht nur bei mir so. Das Gleiche habe ich auch bei vielen anderen beobachtet, die bessere Menschen sind als ich. Daher weiß ich, dass es stimmt.» [30]

Zur Meditation

Vertrauensworte
mögen dich bewegen
zu einer Kultur der Zärtlichkeit
die die Mauern des Misstrauens überwindet

Vertrauensworte
mögen dir geschenkt sein
in Zeiten der Selbstzweifel
in denen du dich selbst nicht mehr verstehst

Vertrauensworte
beflügeln dich
zu einem spielerischen Miteinander
voll von Humor und Lebensfreude

Vertrauensworte
verwurzeln dich
in der Weggefährtenschaft glaubender Menschen
die sich gegenseitig zur Solidarität anstiften

Vertrauensworte
mögen uns zutiefst berühren
jene uralten Worte
die im Buch des Lebens für uns alle bereitstehen

Einen Weg der Befreiung gehen

Die Meldungen von immer neuen Rekordgewinnen der Großbanken und Konzerne lösen bei mir keine Begeisterung aus. Unser Wohlstand steigt von Jahr zu Jahr. Zugleich wird der Graben zwischen arm und reich – auch bei uns in der Schweiz und in Europa – immer größer. Die Wohnungsnot und die Mietzinse steigen, die Selbsttötungsrate auch. Wir gewöhnen uns daran. Trotz vieler Bemühungen von Leuten, die sich gegenüber der 3. Welt verantwortlich fühlen, ist der Rohstoff Kaffee in den letzten Jahren immer billiger geworden. Beim Einkauf jeder Kaffeebohne unterstützen wir die ungerechten Strukturen, die ausbeutenden Löhne.

Dieses Bewusstsein erinnert mich an einen Gedanken von Rabbi Chanoch. Er nimmt Bezug auf die schlimmste Erfahrung des Volkes Israel, das Exil, und sagt dazu pointiert: «Das eigentliche Exil Israels in Ägypten war, dass sie es ertragen gelernt hatten.» Damit drückt er für mich treffend unsere Situation aus.

Noch nie hatten wir so viele Kommunikationsmöglichkeiten, und trotzdem tragen wir das Exil der Vereinsamung und der Sprachlosigkeit. Fernseher und Video bestimmen zu einem großen Teil das gemeinsame Leben. Noch nie hatten wir so viele wissenschaftliche Erkenntnisse, die das Leben fördern könnten, doch wir ertragen das Exil der Zerstörung unserer Mitwelt. Alle, die nicht mehr topfit sind, drücken wir an den Rand unserer Gesellschaft.
Noch nie war unsere Mobilität so groß, und doch leben wir im Exil der Intoleranz und der Fremdenfeindlichkeit. Wir reisen gerne in die ganze Welt, und doch gelingt es uns nicht, Brücken zu schlagen, um uns als große Menschheitsfamilie zu fühlen. Ich könnte diese Liste endlos weiterführen und dabei immer ohnmächtiger und pessimistischer werden. Was tun?

Sich Verstrickungen und Abhängigkeiten einzugestehen ist die Grundbedingung, um Befreiung und Erlösung zu erfahren. Nur wenn uns bewusst wird, dass wir dem Götzen Auto all unser Land opfern und wegen dem Götzen Geld all unsere ethischen Grundhaltungen relativieren, können wir den lebensbejahenden und -fördernden Gott entdecken. Den Gott, der uns eindringlich aufruft, «das Leben zu wählen» (Deuteronomium 30,19). Den geschichtlichen Gott, der sich einmischt und die Nöte und Sorgen der kleinen

Leute der Straße ernst nimmt. Es ist dieser höchst politische Gott, der die Bevorzugung der Armen unterstrich, den Jesus uns nahe bringen will in der vordringlichen Bitte um Befreiung. So klar, wie Johannes bekennt, dass Gott die Liebe ist, so eindeutig habe ich erfahren, dass Gott die Befreiung ist. Gott will uns täglich zum Befreiungsprozess ermutigen. Er will auch uns heute aus der Versklavung der Wachstumsmanie hinausführen in eine neue Gesellschaft, wo der Mensch und nicht das Kapital im Zentrum steht. Denn «im Licht des Glaubens betrachten wir den zunehmenden Abstand zwischen Reichen und Armen als Skandal und Widerspruch zu jedem christlichen Sein. Der Luxus einiger weniger wird zur Beleidigung angesichts der Armut der großen Massen. Diese Situation ist nicht im Plan des Schöpfers und steht im Gegensatz zu der Ehre, die wir Gott schulden. In den durch sie bewirkten Ängsten und Schmerzen sieht die Kirche einen Zustand sozialer Sünde». Diese Worte stammen nicht von einem linken Weltverbesserer, sondern von Papst Johannes Paul II. (Puebla 1979)

Der Weg der Befreiung darf nicht nur als persönlicher Lebensprozess gesehen werden, im christlichen Glauben geht es auch um Befreiung von struktueller Ungerechtigkeit. Die ersten Worte, die Jesus im Lukasevangelium spricht, verheißen die befreiende und

versöhnende Zukunft Gottes. Sie lesen sich wie ein Manifest, welches das ganze Reich-Gottes-Programm beinhaltet: «Der Geist des Herrn ruht auf mir, weil er mich gesalbt; er hat mich gesandt, Armen die Frohbotschaft zu bringen, den Gefangenen Befreiung zu verkündigen und den Blinden das Augenlicht zu geben, Bedrückte in Freiheit zu entlassen, auszurufen ein Gnadenjahr des Herrn.» (4,18–19) Durch Jesus ist sichtbar geworden, dass die sozialen Strukturen und die Wirtschaftssysteme für den Menschen da sein müssen, nicht der Mensch für die Strukturen.
Jesus hat durch sein Leben, seinen Tod und seinen Aufstand für das Leben die Menschen befreit, indem er sie annahm, wie sie waren. Mit seiner Praxis sprengte er viele Tabus und zeigte neue Wege des Zusammenlebens auf. Er stellte die Kinder in die Mitte, wenn viele sie als lästig empfanden. Er heilte Kranke, die andere schon aufgegeben hatten. Er vergibt dem Petrus, der sich selbst verurteilt hatte. Er verspricht dem Mitgekreuzigten das Paradies, wenn viele ihn zur Hölle schicken. Er solidarisiert sich mit der Ehebrecherin, wenn die selbstgerechten Prinzipien im Aufwind sind. Er ersteht vom Tode, wenn viele sein Fiasko feiern. Dadurch befreite er die Menschen zum Leben, vor und nach dem Tode. Obwohl er sich oft dem Einzelnen zuwandte, geht es ihm auch um eine Befreiung von politischer Ungerechtigkeit und sozialer Armut.

Mich beeindruckt bei Jesus, dass es ihm um eine höchstpersönliche und zugleich zutiefst soziale Befreiung geht. Beides gehört unzertrennlich zusammen. Wir Reichen können es uns leisten zu sagen, dass wir zuerst uns selbst finden müssen, dass wir zuerst von unseren persönlichen Ängsten, von unseren erdrückenden Verhaltensmustern der Erziehung befreit werden müssen. Zugleich geht die Welt der Unterdrückung weiter. Der Befreiungsprozess muss in einer Wechselwirkung gesehen werden. Natürlich wirkt mein Engagement für den Frieden nicht sehr glaubwürdig, wenn ich mit mir und meinem Innern ständig unzufrieden bin. Wirklich innere Befreiung werde ich jedoch nur erfahren, wenn ich in diesem Prozess immer auch die soziale Dimension und das Engagement fördere. Jesus ging unermüdlich auf die Suche nach dem göttlichen Kern im Einzelnen. Zugleich zeigte er Zusammenhänge auf und stellte mit seiner Botschaft – ganz in der Linie der ersttestamentlichen Propheten – das gesellschaftliche und religiöse System in Frage. Er stellte den Menschen über die Reinheitsgebote. Er griff die Verfilzung von Geld, Macht und Religion direkt an, indem er die Händler aus dem Tempel jagte. Dies kostete ihn sein Leben. Dieser Weg eröffnete einen Lebenssinn, wo ich meinen ureigensten Weg finden kann, indem ich mich zugleich gegen alle unmenschlichen Systeme wehre. Der Weg der Befreiung kommt nicht am Leiden vorbei. Der Weg zum Land der Hoffnung führt durch die Wüste. Niemand kann und muss diesen Weg alleine gehen. Gemeinsam dürfen wir neu lernen, dass die Befreiung, die Auferstehung ohne das Kreuz (die Konfliktfähigkeit) nicht möglich ist. Die Befreiung beginnt nämlich da, wo Menschen miteinander ihren persönlichen und gesellschaftlichen Leidensdruck, ihre durchKREUZten Hoffnungen teilen und dadurch die lähmende Ohnmacht durchbrechen. Die Erlösung vom Bösen geschieht da, wo wir miteinander einüben, dass uns nur die Solidarität zu echtem Menschsein befreit. Solidarität, die uns seit der Auferstehung mit Gott und untereinander verheißen ist. Wer mit dieser Zusage sein Leben wagt, dem öffnen sich, wie den verängstigten JüngerInnen, die verschlossenen Türen. Eine neue Gesellschaft wird möglich, wo partnerschaftlich das Leben für alle gewählt wird, auch in der Liebe zur Schöpfung.

Vom griechischen Urtext her muss «erlösen» mit «erretten/herausreißen» umschrieben werden. Es führt mich in die bedrängende Sorge um die Schöpfung. Mich erschreckt, wie viele Jugendliche gerade in dieser Frage keine Hoffnung mehr sehen. «Wir sind nicht schuld, das haben uns die Erwachsenen eingebrockt – diese sollten uns mehr Vorbild sein!», höre ich ab und zu. Es ist eine berechtigte Herausforderung. Zu oft reden wir vom Glauben an unseren Schöpfergott, obwohl wir ihn viel zu wenig in Verbindung mit der Schöpfung und vor allem der Sorge zur Mutter Erde bringen. Ich fahre nur noch in Ausnahmefällen Auto – ich habe auch keines mehr, obwohl ich viel herumreise – weil die Rettung der Ozonschicht mit meinem Glauben an den Schöpfer zu tun hat. Obwohl ein Umdenken stattgefunden hat, sind wir noch lange nicht am Ziel. Zu oft wird noch mit dem Auto in die Kirche gefahren, um den Schöpfer zu loben!

Nicht nur der einzelne Mensch ist Abbild Gottes, sondern in und durch die Schöpfung kann ich Gott erfahren. Ich bin nicht nur Teil einer Menschheitsfamilie, sondern der ganzen Schöpfungsgemeinschaft. So gesehen wird es vordringlich, nicht mehr von der Umwelt, sondern von der Mitwelt zu sprechen – wie dies schon lange vorbildhaft durch die Indianer und ausdrücklich auch von Albert Schweitzer aufgezeigt wurde. Im Bewahren der Schöpfung, im bewussten Einkaufen, Essen und Reisen wächst meine Verbindung zu Gott. Sie darf und muss mich etwas kosten, wenn sie mir wichtig und kostbar ist. Beten wir radikal: Entreiß uns der Bequemlichkeit, errette uns vor unserer eigenen Zerstörung, durch gemeinsames konsequentes Bewahren der Schöpfung.

Vertrauensworte konkret

«Denn sicherlich war es mir nie in den Sinn gekommen, dass in diesem Gebet aus dem Evangelium ein so großes Geheimnis enthalten war, dass es derart den ganzen geistlichen Weg in sich entschließt, von den Anfängen bis dahin, wo Gott euch überflutet und reichlich aus der Quelle lebendigen Wassers, von der wir gesprochen haben, zu trinken gibt.» [31], schreibt Teresa von Avila zur letzten Bitte. All den Auseinandersetzungen mit den brennenden Fragen unseres Lebens können wir nur standhalten, wenn wir uns zur inneren Quelle bewegen lassen, die unaufhaltsam in uns fließt. Dieser göttliche Lebensfluss erneuert sich in uns im tiefen Ein- und Ausatmen. Unsere Lebenskraft erfährt dadurch jene Stärkung, die unser Vertrauen in das Leben mit all seinen Sonnen- und Schattenseiten stärkt. So verlieren wir uns nicht in all unseren Aktivitäten, sondern gestalten mit an einem einfacheren Lebensstil, in dem nicht nur wir, sondern auch die ganze Schöpfung aufatmen kann.

Zur Meditation

Entdecke Tag für Tag
die göttliche Quelle in dir
lass sie kraftvoll fließen
im tiefen Ein- und Ausatmen
damit dein Engagement Kreise zieht

Entdecke Tag für Tag
die göttliche Quelle in jedem Menschen
besonders auch in jenen
mit denen du dich schwer tust
damit du ihnen Verwandlung zugestehen kannst

Entdecke Tag und Nacht
die göttliche Quelle in Schöpfung und Kosmos
damit dein Urvertrauen im heilenden Atem Gottes
wachsen und reifen kann

«Denn dein ist das Reich und die Kraft und die Herrlichkeit»

Unserer Beziehungskraft trauen

Der Lobpreis am Schluss der heutigen Fassung des Vaterunsers findet sich in den beiden Evangelien nicht. Spätere Textzeugen haben ihn hinzugefügt. Die Reformatoren haben diese Ergänzungen aufgenommen. Im Zeichen der ökumenischen Erneuerung wurde der Lobpreis in die katholische Liturgie übernommen. Dieser Lobpreis verbindet uns auch mit dem Judentum. Ähnliche Formulierungen finden wir nämlich schon in einem Dankgebet, das David zugeschrieben worden ist. Wie im Lobpreis kommt auch in diesem Gebet der Grundgedanke zum Ausdruck, dass alles Gelingen, alle Kraft von Gott kommt. «In deiner Hand liegen Kraft und Stärke, von deiner Hand kommt alle Größe und Macht… von dir kommt ja alles; und was wir dir gegeben haben, stammt aus deiner Hand.» (vgl. 1 Chronik 29,10–20)

Ich umschreibe diese Grundhaltung meines Lebens folgendermaßen: Ich bin nicht der Erste und nicht der Letzte, der sich für das Reich Gottes einsetzt. Das Wesentliche im Leben ist nicht mach- und leistbar, es ist ein Geschenk Gottes. Und doch kommt es auf mich an, mein erster Schritt ist entscheidend.

Dieser Lobpreis birgt in sich die Gefahr, das Bild des erhabenen, allmächtigen Gottes, der uns Menschen nicht braucht, zu verfestigen. Zu Recht meint Dorothee Sölle in einem ihrer Bücher: «Heute scheint der Streit darüber, ob Gott jenseits von uns als in sich selbst Ruhendes, Unbezogenes gedacht werden kann, eine der wichtigsten Auseinandersetzungen zwischen der männlich-patriarchalen und der feministischen Theologie zu sein. Ist die Souveränität das essenzielle Wesensmerkmal Gottes – oder ist es die Beziehungsfähigkeit? Diese Frage scheint mir hinter der vieldiskutierten Frage nach den Gottesbildern zu stehen.» [32] Genau diese Frage hat mich beim Entstehen unseres Buches zu stundenlangen Diskussionen geführt. Auch ich kritisiere die absolute beziehungslose Souveränität. Trotzdem kann ich die Souveränität nicht einfach aufheben. Durch Jesus ist sichtbar geworden, dass die Beziehungsfähigkeit, die Kraft zu trösten, zu umarmen, zu leiden, für andere zu sterben und zum Leben zu ermutigen die göttlichste Eigenschaft ist.

Die Beziehungsfähigkeit ist in und durch Gott, in der Schöpfung und in allen Menschen grundgelegt. Doch dies haben nicht die Menschen grundgelegt, sondern der beziehungsfähige Gott, wie ihn Jesus gelebt und verkündigt hat. Von dieser Beziehungsfähigkeit spricht auch der Befreiungstheologe Leonardo Boff in seiner kleinen Trinitätslehre (Lehre vom dreifaltigen und dreieinigen Gott), wenn er die Trinität die beste aller Gemeinschaften nennt. Ausgehend vom menschlichen Leben, das immer Zusammenleben ist, dürfen wir auch an die gemeinschaftliche Existenzweise Gottes glauben, an das dreieinige Wesen Gottes, der immer Gemeinschaft und Einheit von Dreien ist: Gott als Ursprung und Ziel (Vater), als Mittler (Sohn) und als Triebkraft (Geist) der Befreiung. Auch wenn ich Boff nicht in allen Gedankengängen folgen kann, so fasziniert mich dieses Reden von Gott, weil es Konsequenzen für unsere Gesellschaft und unsere Kirche hat. Es ist hochpolitisch: «In allen radikal menschlichen und sozialen Problemen steckt ein unendlicher Traum: ein letztes Bedürfnis nach Leben für alle, nach Gerechtigkeit für alle, angefangen bei den Letzten, nach Einbeziehung aller und nach Gemeinschaft mit allem und allen. Mit andern Worten: Es geht stets um eine theologische Frage, die mit dem Höchsten und Entscheidenden unserer Geschichte zu tun hat. In all diesen Herausforderungen klingt das Geheimnis der Dreifaltigkeit an, in dem die drei Personen dank ihrer wechselseitigen Liebe ineinander strömen, um ein einziger Gott zu sein, der Leben ist und Leben spendet.»[34] Damit dieses Leben allen Menschen zuteil wird, muss sein Reich wachsen und gefördert werden. Das Reich Gottes steht im Zentrum der Botschaft Jesu. Wir sind aufgerufen, an dieser Verheißung mitzugestalten, im Kampf gegen die gigantischen Finanzplätze und Wirtschaftsimperien, im Widerstand gegen die Zerstörung unseres Lebensraumes und der Maßlosigkeit der Gentechnologie. Dies gelingt, wenn wir Gott als Ursprung aller Macht sehen. Durch ihn kann alles Tote und Starre zu neuem Leben erweckt werden. Nur in Verbindung mit diesem Ursprung können wir lernen, so mit Macht und Kraft umzugehen, dass sie allen zur Förderung des Lebens dient.

Den Aufruf Jesu zum Dienen sehe ich in diesem Zusammenhang, alle Macht und Kraft in den Dienst der Gemeinschaft, besonders der Schwächsten zu stellen. So wird Gott gewichtig in unserer Welt. Das bedeutet nämlich der hebräische Ursprung vom Wort «Ehre»: gewichtig nehmen, das ihm zustehende Gewicht geben. Dass dies in der deutschen Übersetzung nur den Herren zugestanden wird, erklärt alles, was es bis heute an einseitigem und unterdrückendem Umgang mit Macht beinhaltet. Schon längst vor Jesus träumten die

Propheten von einer Welt, wo Gottes soziale und befreiende Botschaft alles Gewicht erhält, damit seine Güte erfahrbar wird. Dieser Traum wird durch unsere mutige und begeisterte Mitarbeit Wirklichkeit. Ein Engagement, wo nicht die Frage entscheidend ist, ob ich an Gott glaube, sondern ob ich Gott lebe, damit sein Reich, seine Macht und seine Ehre wächst zur Befreiung aller Menschen. Jetzt, mitten unter uns und alle Tage unseres Lebens und für immer.

Vertrauensworte konkret

Das Gebet Jesu ist für mich eine Ermutigung, um der Beziehungskraft im Hier und Jetzt und über den Tod hinaus in alle Ewigkeit zu trauen. Darin liegt der tiefere Sinn einer mystischen Lebensgestaltung, um in meinen hellen und dunklen Lebenserfahrungen die tiefere Verbundenheit mit allem zu erahnen. Dazu brauchen wir einander, wie Teresa betont: «Sie werden euch zwar gleich sagen, dass es Freundschaft nicht braucht, da es genügt, Gott zu haben. Um Gott zu haben, ist es aber eine große Hilfe, mit seinen Freunden zusammen zu sein; man nimmt immer viel Gewinn daraus mit, das weiß ich aus Erfahrung.» [34]
Ein mystischer Weg ist ein Freundschaftsweg. Ein Weg der gegenseitigen Unterstützung im Lachen und Weinen, Hoffen und Zweifeln. Ein Weg der Verbundenheit mit den Menschen, die gestorben sind und weiterhin mit uns beten und hoffen. Ein Weg der Freundschaft mit den Tieren, den Pflanzen, der Schöpfung und dem Kosmos. Eine Weggefährtenschaft, in der sich Gott immer neu als Hoffnungsweg ereignet.

Zur Meditation

Du
lenkst unsere Schritte
auf unseren Freundschaftswegen
die sich vertrauensvoll ereignen
im zärtlichen Unterwegssein
und in fairer Konfliktbereitschaft

Du
bewegst unsere Füße
auf unseren Vertrauenspfaden
die in allen gesellschaftlichen Fragen
Deine Gerechtigkeit begehen

Du
richtest uns auf
auf unseren Kreuz- und Auferstehungswegen
berührst uns
zum Feiern Deiner Lebenskraft in allem

Quellenverzeichnis

1 Lisianne Enderli/Pierre Stutz: Tastend unterwegs. Gottesbilder im Mutterunser-Vaterunser, rex verlag, Luzern 1990 (vergriffen)

2 Vgl. die empfehlenswerte, neue Biografie von Erika Lorenz: Weg in die Weite. Die drei Leben der Teresa von Avila, Herder, Freiburg i. Br. 2003

3 Teresa von Avila: Weg der Vollkommenheit. Vollständige Neuübertragung – Gesammelte Werke Band 2, Herder/Spektum 5318, Freiburg i. Br. 2003, 209

4 Teresa von Avila: Das Buch meines Lebens. Vollständige Neuübertragung – Gesammelte Werke Band 1, Herder/Spektrum 5211, Freiburg i. Br. 2001, 156

5 In: Dieter Emeis (Hrsg.): Jesus von Nazareth, Matthias-Grünewald-Verlag, Mainz 1976, 16

6 Eduard Schweizer: Das Evangelium nach Matthäus, NTD Band 2, Vandenhoeck und Ruprecht, Göttingen/Zürich 1986, 92

7 Teresa von Avila: Weg der Vollkommenheit, a.a.O. 294

8 Vgl. Jakob J. Petuchowski/Clemens Thoma: Lexikon der jüdisch-christlichen Begegnung, Herder, Freiburg i. Br. 1989, 418–422

9 Teresa von Avila: Weg der Vollkommenheit. a.a.O. 236, 244

10 Renold J. Blank: Der Aufstand des domestizierten Gottes. Edition Liberacion, Münster 1988, 62

11 Dietrich Bonhoeffer: Widerstand und Ergebung. GTB Siebenstern, Gütersloh 1978, 178

12 Leonardo Boff: Vater unser – Das Gebet umfassender Befreiung. Patmos, Düsseldorf 1981, 86

13 Rubem Alves: Vater unser. Meditationen, Patmos, Düsseldorf 1988, 49

14 Teresa von Avila: Weg der Vollkommenheit. a.a.O. 198–199

15 Albert Nolan: Gott in Südafrika – Die Herausforderung des Evangeliums. Edition Exodus, Fribourg/Brig 1989

16 Teresa von Avila: Weg der Vollkommenheit. a.a.O. 240

17 ebd. 260

18 Dorothee Sölle: Phantasie und Gehorsam. Überlegungen zu einer künftigen christlichen Ethik, Kreuz, Stuttgart 1968, 56. Vgl. auch Wilhelm Bruners: Wie Jesus Glauben lernte. Christopherus, Freiburg i. Br. 1988

19 Johann Baptist Metz: Zeit der Orden? Zur Mystik und Politik der Nachfolge, Herder, Freiburg i. Br. 1977, 72

20 Teresa von Avila: Weg der Vollkommenheit. a.a.O. 262

21 Vgl. Jan Lochmann: Unser Vater. Auslegung des Vaterunsers, Gütersloher Verlagshaus, Gütersloh 1988, 79–82

22 Zit. nach Jacques Gaillot: Was für mich zählt, ist der Mensch. Herder, Freiburg i. Br. 1990, 114–115

23 Vgl. Hermann Josef Venetz: Das Vaterunser – Gebet einer bedrängten Schöpfung. Edition Exodus, Fribourg/Brig 1989, 63–76

24 Teresa von Avila: Weg der Vollkommenheit. a.a.O. 276

25 Erika Lorenz (Hrsg.): Lockruf des Hirten. Teresa von Avila erzählt ihr Leben, Kösel, München 1999, 164

26 Vgl. Neuauflage meines Psalmenbuches: Pierre Stutz: Du hast mir Raum geschaffen. Inspiriert von den Psalmen, Herder/Spektrum, Freiburg i. Br. 2003

27 Reinhard Körner (Hrsg.)/Teresa von Avila: Das Vaterunser meditieren in der Gebetsschule Jesu. Benno, Leipzig 2001, 119

28 Informationen erhältlich: Abbaye de Fontaine-André, Postfach 120, CH-2009 Neuchâtel 9, fontaine-andre@bluewin.ch.

29 Pierre Stutz: Verwundet bin ich und aufgehoben. Für eine Spiritualität der Unvollkommenheit, Kösel, München 2. Auflage 2003

30 Reinhard Körner/Teresa von Avila: a.a.O. 127–128

31 Teresa von Avila: Weg der Vollkommenheit. a.a.O. 321

32 Dorothee Sölle: Gott denken. Einführung in die Theologie, Kreuz, Stuttgart 1990, 235

33 Leonhardo Boff: Kleine Trinitätslehre. Patmos, Düsseldorf 1990, 90

34 Teresa von Avila: Weg der Vollkommenheit. a.a.O. 119

In der gleichen Reihe ist von Pierre Stutz erschienen:

HerzensWorte
Die 10 Gebote für das Leben
ISBN 3-7252-0731-3

Weitere Bücher von Pierre Stutz im rex verlag:

Kraftvolle Rituale
Zum Einstieg und Ausklang in Gruppen
ISBN 3-7252-0709-7

Du bist einzigartig
Taufbuch für Eltern und Patin/Pate
ISBN 3-7252-0595-7

Dem Leben zuliebe
Kinder zur Erstkommunion begleiten
ISBN 3-7252-0622-8

Ein Stück Himmel auf Erden
Vorbereitung auf Trauung und Traugottesdienst
ISBN 3-7252-0570-1